CW00419023

Mange
médite
profite

**DR MICHEL CHAST
& CATHERINE BARRY**

Mange
médite
profite

Le secret de la pleine santé

J'AI LU BIEN ÊTRE

Illustrations : Djohr

© Éditions Flammarion, 2016

À mon fils, Benjamin, pour les étoiles
qu'il allume dans ma vie,

À tous ceux qui me suivent
et me font confiance depuis tant d'années.

À vous, lecteurs, qui allez avancer, avec nous,
sur cette Voie du bien-être et de sérénité.

Catherine BARRY

Pour Michèle, ma femme, la flamme de ma vie,

Pour Sophie et Thomas, mes enfants,

Pour David, Simon, Martin, Capucine et Grégoire,
mes petits-enfants, qui me permettent d'avancer,

Pour mes patients, dont la confiance donne
un sens à mon existence,

Sans vous, je ne serais rien…

Michel CHAST

« La santé et la sagesse sont
les deux biens de la vie. »
Proverbe latin

SOMMAIRE

« Le bonheur est le résultat d'un mûrissement intérieur. Il dépend de nous seuls, au prix d'un travail patient, poursuivi de jour en jour. À long terme, le bonheur et le malheur sont donc une manière d'être ou un art de vivre. »

Matthieu RICARD

PRÉAMBULE

Ouvrez les yeux, écoutez, partagez, apprenez à vous émerveiller, prenez conscience de ce qui vous fait du bien. Faites fonctionner votre imaginaire, et tentez une nouvelle approche, une connaissance plus complète de vous.

Nous vous proposons un ouvrage à propos du bien-être et de l'alimentation qui vous apporte une nouvelle conception de vous-même et de votre environnement afin de préserver votre bonne santé et votre vitalité. Lorsque vous aurez appris à poser un regard neuf sur ce que vous vivez et sur ce qui vous entoure, lorsque vous aurez compris qu'être autonome et responsable, c'est vivre en harmonie avec le monde et avec vous-même, votre comportement sera différent. Cherchez l'équilibre, c'est la clef d'une bonne santé physique et psychologique. Cherchez aussi le plaisir à table, le plaisir y est plus important que la quantité. Redécouvrez le vrai goût des aliments et comment ils se mangent pour que votre repas devienne une expérience personnelle, unique. Écoutez votre corps, ses besoins, réfléchissez avant de manger à ce que vous allez cuisiner en tenant compte de vos états d'âme, de votre état physique, et dégustez vos aliments en comprenant ce qu'ils vous apportent, car la manière de vous nourrir détermine votre façon de vivre et de vouloir vivre. L'alimentation, c'est la vie, ne l'oubliez pas.

INTRODUCTION

« Le plaisir se ramasse, la joie se cueille et
le bonheur se cultive. Santé vaut mieux que
richesse. »

LE BOUDDHA

Ce livre est issu de l'amitié entre un médecin et
une spécialiste des philosophies et des pratiques
orientales. Au travers de nos conversations, de nos
expériences et de nos rencontres, il nous est apparu
que nos préoccupations sur le bonheur, le bien-être
et la manière de rester en bonne santé, dans un
monde où nous sommes exposés à une si grande
crise économique, sociétale, et environnementale,
étaient souvent semblables, qu'elles rejoignaient
celles de nos proches et, sans doute, les vôtres.

Nous avons donc mis en commun nos deux
regards et nos expériences : celui d'un médecin
acupuncteur, homéopathe, gastronome et ami des
grands chefs, et celui d'une journaliste, écrivaine,

experte du bouddhisme et de l'Asie, formée à la médecine chinoise et à la méditation, pour vous proposer une méthode pragmatique, unique, qui combine les connaissances de la science moderne et celles, trop souvent ignorées dans nos civilisations, des médecines orientales traditionnelles et notamment chinoises.

NOTRE MÉTHODE

Facile à appliquer au quotidien si vous suivez nos explications pas à pas, elle vous permettra de **préserver, d'entretenir, de booster votre santé et votre sérénité.** Car l'une ne va pas sans l'autre. Nous vous le monterons à l'aide de schémas et de tableaux afin que vous puissiez faire vôtres les principes de ces sagesses millénaires en les adaptant à notre époque et à votre situation personnelle.

Puis, nous vous indiquerons comment **prendre en compte les liens étroits qui existent entre votre corps, votre esprit, et vos différents environnements :** nature, famille, travail, afin de les entretenir, les nourrir, les renforcer, les dynamiser, les tonifier, les potentialiser, grâce à l'alimentation. C'est l'un des secrets de la sérénité et de la bonne santé ! À vous ensuite d'établir, en suivant nos indications, votre bilan énergétique à un instant donné, afin d'accorder votre alimentation à ce bilan.

Les recettes décrites dans le dernier chapitre du livre vous y aideront. Elles vous permettront également de partager ce nouvel art de la table avec vos proches. Tous les sages le disent : « Personne ne peut être heureux, seul. » Aussi, faites-en profiter ceux que vous aimez, car cette démarche d'auto-soin positive, constructive, se partage sans compter avec son entourage. C'est une autre des particularités de cette méthode qui vous propose de vous soigner grâce à l'alimentation.

En appliquant les règles que vous allez découvrir dans les pages qui suivent, vous deviendrez jour après jour, saison après saison, le maître d'œuvre de votre bonne santé physique et mentale ; et par ricochet, de celui de votre famille. Nul besoin d'être un expert pour cela, il vous suffit de vous laisser guider ! Avec notre aide, relevez ce défi **d'autosoin culinaire** basé sur la simplicité, l'observation, le bon sens, et la pratique de la Pleine Attention.

Apprenez à vous servir de ce livre comme d'un guide. Appropriez-vous-le. Faites-en votre grimoire, un référent sur lequel vous pouvez vous appuyer, à chaque instant. Faites vôtres les données, avertissements, recommandations, qu'il contient. Annotez-le dans les marges. Collez des Post-It pour indiquer les chapitres qui vous questionnent ou qui retiennent particulièrement votre réflexion, ou bien encore que vous voulez relire. Puis, quand vous vous sentez prêt, appliquez les principes que nous vous proposons dans cet ouvrage et observez, constatez, comment les aliments interagissent entre eux et influencent ce que vous êtes et faites.

QUELQUES CONSEILS À APPLIQUER, SANS ATTENDRE, AU MOMENT DES REPAS

Faites de votre smartphone un allié.

Mettez une alarme avec une note qui indique : « Je suis ce que je mange. »

Vous pouvez ajouter une musique qui vous invite à la détente et à respirer profondément, afin de vous recentrer dans le moment présent.

Pratiquez la Pleine Attention.

Si vous êtes stressé et que vous vous apprêtez à déjeuner à la va-vite, vous ne mastiquerez pas vos aliments, vous digérerez mal et, l'après-midi, votre caractère s'en ressentira ainsi que votre travail. Ce qui sera très mauvais pour votre santé et votre bien-être… et celui de vos collègues ou proches.

Pour conserver votre vitalité, souvenez-vous que votre esprit et votre corps sont en lien constant.

Pensez aux conséquences des aliments que vous absorbez sur votre organisme. Vous l'avez déjà sans doute expérimenté, si vous mangez trop gras, trop sucré ou que vous buvez trop d'alcool, votre humeur s'en ressent, rapidement.

Soyez vigilant sur la provenance des aliments.

Favorisez les petits producteurs de l'agriculture biologique. Évitez les légumes, fruits et céréales gorgés de pesticides, et les viandes et les poissons gavés d'hormones. Ce qui importe ici, ce n'est pas que vous dépensiez des fortunes pour acheter ces produits mais leur qualité et leur proximité avec le lieu où vous habitez. C'est du gagnant-gagnant : c'est mieux pour votre santé et mieux pour l'environnement !

Cuisinez aussi souvent que possible.

Inutile d'y passer un temps fou. Si vous tenez compte des saisons, vous préparerez des plats simples, bons, équilibrés, tonifiants ; plats que vous relèverez ou agrémenterez à volonté de plantes et d'herbes dont nous vous révélerons les vertus thérapeutiques (voir page 124).

Préparez-vous des plats à emporter au bureau.

Cela vous aidera à stabiliser votre autosoin alimentaire.

Évitez de mettre une dimension affective dans votre manière de vous nourrir.

C'est le cas chaque fois que vous privilégiez une alimentation qui vous rappelle les mets de votre enfance. C'est une attitude fréquente, mais les plats traditionnels familiaux, souvent trop riches, trop gras, trop sucrés, prolongent les émotions de l'enfance aux dépens de votre santé. Délaissez-les sans regret et faites pétiller votre santé d'adulte en vous servant des recettes du dernier chapitre. Elles répondront à vos besoins énergétiques et non à vos besoins affectifs, du moment.

Vous êtes seul responsable de votre bien-être et de votre santé.

Prenez conscience que vous êtes libre, à tout âge, de faire les bons choix pour relancer ou conserver votre vitalité. Une alimentation adaptée à ce que vous êtes, aux circonstances que vous rencontrez, vous maintiendra en bonne forme tout au long de l'année, tout en calmant et canalisant vos émotions. Les schémas et les tableaux de correspondance des cinq éléments mettant en relation aliment-émotion-saison-organe vous aideront à être à l'écoute de votre corps et de votre esprit, et à transformer radicalement votre rapport à la nourriture en posant un autre regard sur les aliments.

Réduisez la consommation de produits animaux.

Pour les raisons évoquées précédemment, mais aussi pour ne pas participer à entretenir l'horreur des élevages intensifs, et la fabrication de gaz à effet de serre qui en découle et qui provoque des troubles du climat. Détruire la nature, c'est vous détruire. Responsabilisez-vous. Mangez plus de légumes ou mangez moins de viande. Les recettes proposées à la fin de cet ouvrage vous y aideront.

Enfin, mangez en moindre quantité dans la journée et très peu le soir.

Pour vous y encourager, nous vous raconterons ce que disent les moines bouddhistes à ce propos (voir page 90).

« VOUS ÊTES CE QUE VOUS MANGEZ »

« Votre aliment est votre premier médicament. » Cette réalité, nous l'omettons tous trop souvent. Elle est pourtant connue depuis des siècles, mais nous l'avons oubliée.

Le sage Hippocrate, le père de la médecine moderne, l'enseignait déjà, au IVe siècle avant J.-C. Pour le médecin grec, l'impact de la nourriture sur la santé était déterminant. Il en était de même pour toutes les grandes traditions médicales et spirituelles de l'humanité. Toutes ont enseigné, de siècle en siècle et de civilisation en civilisation, l'importance d'établir une relation neutre, modérée, non affective à la nourriture. Toutes ont prôné la nécessité, pour canaliser l'esprit et désintoxiquer le corps, d'effectuer des jeûnes réguliers. Toutes, enfin, ont recommandé de se nourrir, quotidiennement, frugalement, en privilégiant les légumes, les céréales et les fruits.

Ces pratiques étaient aussi connues autrefois dans nos pays. Elles en ont disparu avec l'ère industrielle. Si elles reviennent en force, actuellement, c'est parce qu'elles sont à nouveau approuvées par de plus en plus de personnes qui ne supportent plus psychologiquement et physiquement la malbouffe de nos sociétés de consommation, et de détériorer leur santé à cause de l'alimentation. Cette réalité est prouvée par les scientifiques. Ces dernières années, des chercheurs ont mis en évidence que de nombreuses maladies contemporaines sont liées à des comportements alimentaires inadaptés. C'est le cas par exemple des pathologies cardiovasculaires, de l'obésité, du diabète, et de certains cancers. Une étude récente, publiée fin octobre 2015 dans la revue médicale *The Lancet Oncology*, le Centre international de recherche sur le cancer, une agence de l'OMS (l'Organisation mondiale de la santé), a confirmé à nouveau ces données en montrant de manière incontestable qu'une consommation excessive de viande (porc, bœuf, veau, agneau, mouton, cheval, chèvre) serait probablement cancérogène pour l'homme ; et que celle de produits carnés transformés (viandes et charcuteries modifiées par salaison, fumaison…) serait, elle, cancérigène. Ces résultats inquiétants vous inciteront, nous l'espérons, à diminuer, vous aussi, votre consommation de produits carnés, et à revoir vos habitudes alimentaires de manière durable.

> « Avec une volonté de fer, une souris peut renverser un éléphant. »
>
> Proverbe tibétain

RESPONSABILITÉ ET PRÉVENTION

Ces deux mots d'ordre sont l'ADN de ce livre. Nonobstant votre capital génétique, vous êtes le garant de votre bien-être, de votre santé et de votre équilibre intérieur. C'est à vous de les entretenir afin de prévenir la maladie, la fatigue et la déprime. Vous pouvez y parvenir grâce à cet ouvrage qui vous montrera comment potentialiser et harmoniser vos énergies. Au début vous tâtonnerez sans doute car, comme le disait Boileau : « Vingt fois sur le métier remettez votre ouvrage », mais faites-vous confiance, vous réussirez.

Être serein et en forme dépend de vous

Le savoir est une chose, le mettre en pratique en est une autre et s'avère parfois difficile. Les mauvaises habitudes ont la vie dure.

Poser un regard neuf sur son alimentation est un apprentissage. Aussi, ne vous attendez pas à vous transformer de manière radicale en quelques jours. Mais, d'étape en étape, au bout de quelques semaines, en suivant au plus près nos indications, votre expérience vous prouvera qu'une alimentation réfléchie, frugale, adaptée à votre physiologie, à vos besoins réels et à la saison, vous procurera un bien-être, une bonne humeur, et une vitalité indéniables et stables.

Souvenez-vous, votre santé et votre bien-être, indissociables, sont un atout précieux, votre plus grand trésor. Ne les mésestimez pas.

Efforcez-vous de vous comporter avec vous-même comme si vous étiez votre médecin, et allez vers le meilleur de ce que vous êtes.

Votre bonheur passe d'abord par votre assiette. Découvrez-le. C'est épanouissant et joyeux, surtout si vous partagez ce nouvel art de la table avec vos proches.

Catherine BARRY et Michel CHAST

UN AUTRE REGARD
SUR SA SANTÉ

« Les hommes sont vraiment surprenants. Ils perdent leur santé pour accumuler de l'argent. Ils perdent de l'argent pour retrouver la santé. Ils pensent avec angoisse au futur et oublient de vivre le présent. Ils vivent comme s'ils n'allaient jamais mourir et meurent comme s'ils n'avaient jamais vécu. »

Tenzin GYATSO (14ᵉ Dalaï-Lama)

TOUT COMMENCE AVEC LE CORPS

> « Si tu ne trouves pas la vérité à l'endroit où tu es, où espères-tu la trouver ? »
>
> Maître DOGEN

- Vous savez par expérience que votre vitalité dépend entièrement de ce qui se passe à la fois dans votre corps et dans votre esprit, et des relations qu'ils entretiennent ;
- Vous souhaitez vous donner les moyens de les harmoniser afin d'être en forme et serein ;
- Vous voulez que cela dure ;
- Vous en avez assez de suivre des recettes de bien-être qui s'adressent à tout le monde, sans distinction ;
- Vous voulez trouver des connaissances pratiques qui vous concernent vraiment, des principes faciles à adapter aux différents moments de votre vie ;

- Vous êtes prêt à prendre le temps nécessaire pour façonner vos énergies et changer ;

Alors, ce livre est pour vous car il vous aidera à prendre, pas à pas, votre existence en main de manière réaliste, positive, globale, consciente et autonome.

PREMIÈRE ÉTAPE : LE BILAN

Commencez par établir votre bilan énergétique en observant et en notant sur un papier, sur votre tablette, ou dans le tableau page 30, tout ce que vous ressentez : vos gênes musculaires, vos tensions physiques et psychiques, votre humeur du moment, vos pensées, vos émotions, vos états d'âme.

Faites-le de manière sincère, neutre, sans poser de jugement. Ne refusez rien de ce que vous êtes, ressentez, éprouvez, pensez. Ce n'est ni bien ni mal. C'est factuel. Il n'y a pas d'un côté une partie de vous que vous aimez et que vous acceptez de voir, et de l'autre, ce que vous refusez de vous et que vous rejetez et niez.

Si vous voulez vraiment œuvrer à votre mieux-être, vous devez travailler avec tout ce qui vous constitue. Un chef d'orchestre doit apprendre à diriger, mélodieusement, tous ses musiciens. Faites de même avec vos énergies. Vous êtes le chef d'orchestre de votre corps et de votre esprit. Ils doivent jouer ensemble, en bonne intelligence. En procédant ainsi, vous mettez en coïncidence, de la manière la plus adaptée qui soit, votre corps et votre psychisme, et vous devenez le maître d'œuvre de votre bonne santé.

Pour cela, remplissez le tableau page 30, aussi souvent que vous le souhaitez. Il vous aidera à faire le point sur votre bilan énergétique du moment. Rien n'est fixe, rien ne dure. Vous n'êtes pas le même le matin et le soir, au printemps et en hiver. Quand c'est fait, reportez-vous ensuite aux principes décrits dans cet ouvrage dans le chapitre dédié aux 5 éléments, et adaptez votre alimentation à ce bilan (voir page 108).

DEUXIÈME ÉTAPE : FAITES CONFIANCE À VOS SENSATIONS

Vous en avez la capacité, mais très souvent, vos mauvaises habitudes et votre peur de mal faire, de mal penser, vous empêchent de vous fier à votre expérience et votre intuition. Le Bouddha disait : « Soyez votre propre lampe ». Suivez sa recommandation. Chaque jour, votre corps et votre mental communiquent avec vous. Écoutez les messages qu'ils vous délivrent au travers de votre fatigue, de votre stress, de vos peurs et de vos angoisses, des douleurs et tensions que vous percevez. Si vous le faites, vous serez plus en rapport avec eux, à leur écoute. Les exercices sur la Pleine Attention que nous vous proposons (voir page 143) vous y aideront également en vous montrant comment être plus réceptif à ce qui se passe en vous. Ce qui développera et renforcera votre confiance en vous.

TROISIÈME ÉTAPE : LE CHANGEMENT PASSE PAR LE CORPS

Acceptez et comprenez que toute transformation, tout changement dans vos habitudes, toute évolution de votre conscience de votre manière de penser et de ressentir les choses, passe d'abord par le corps.

De façon un peu simpliste mais pragmatique, nous pouvons dire : pas de corps, pas d'esprit, pas d'émotion, pas de pensée, pas de sensation. La dimension corporelle des actes, des pensées et des sentiments étant trop souvent occultée dans nos pays judéo-chrétiens, nous ne percevons pas les relations subtiles qu'ils entretiennent entre eux. Nous procédons comme si nous n'étions que pur esprit, et c'est préjudiciable à notre force intérieure et à notre vitalité.

Ce manque de base physique, « de corps », explique, en partie, la mode de la méditation de la « Pleine Conscience ». Cette méditation permet en effet aux pratiquants de s'enraciner dans leur existence, *via* la posture du corps, ce qui les aide à avancer non plus comme un funambule aveugle et fatigué, mais comme un être qui a trouvé, en lui, une nouvelle verticalité. **Votre corps est votre assise**. Vous devez l'investiguer, vous le réapproprier et le faire à votre rythme, en fonction de vos besoins, et des nécessités de votre santé

Éprouvez, aussi souvent que possible dans la journée, un immense sentiment de gratitude vis-à-vis de votre corps. Dites-lui merci, tout simplement. C'est très important car tout ce que vous êtes, votre capacité à vous exprimer et à vous faire comprendre, à être en lien avec autrui, à être en forme, vous le lui devez en grande partie. Il est votre soubassement, votre indispensable allié pour être heureux et en forme. Alors, remerciez-le !

Enfin, n'oubliez pas de vous remercier également pour tout ce que vous faites pour vous, en suivant cette méthode. Car rien de cette aventure ne serait possible si vous n'en aviez pas le désir. Nous ne pouvons vous accompagner que parce que vous êtes en quête de ce qu'il y a de mieux pour vous et vos proches. Aussi, félicitez-vous et réjouissez-vous de posséder cette capacité positive. Faites-le, un sourire aux lèvres, aussi souvent que vous y pensez.

	MATIN	MIDI	SOIR
ÉTAT MUSCULAIRE relâché tendu neutre autre			
ÉTAT PSYCHOLOGIQUE serein triste anxieux normal autre			
TYPE DE PENSÉE obsessionnelle neutre autre			
TYPE D'ÉMOTION joie colère jalousie neutre autre			

L'ESPRIT, L'ALLIÉ DU CORPS

« Il serait négatif, morbide, masochiste de s'interroger sur la nature réelle de la maladie et de la souffrance si nous étions impuissants à les transformer. La sagesse consiste à considérer que toute circonstance difficile est un moyen d'évoluer sur une voie spirituelle. La force d'âme et la maîtrise que nous acquérons à leur contact, nous permettent de faire face à tout, sans nous laisser détruire. »

Tenzin GYATSO (14e Dalaï-Lama)

Nous venons de le voir, votre corps est votre base, votre assise. C'est grâce à lui, quel qu'il soit, et à partir de lui, que vous pouvez vous ancrer dans l'existence, vous construire, évoluer, agir, aimer. Tant que sa vitalité demeure intacte, il participe à garder votre esprit stable, y compris par gros temps émotionnel. L'expérience vous l'a forcément déjà prouvé : il est plus facile d'affronter des épreuves quand vous n'êtes pas fatigué. Votre énergie étant alors bien répartie entre les besoins du corps et ceux de l'esprit, vous trouvez plus rapidement des solutions pour sortir des situations délicates que vous traversez.

> « Un esprit sain dans un corps sain. »
>
> François RABELAIS

L'ACCORD PARFAIT ENTRE LE CORPS ET L'ESPRIT

Nous sommes un tout

Votre corps et votre esprit fonctionnent comme des vases communicants. Ils sont donc indissociables et complémentaires. La bonne santé de l'un garantit celle de l'autre, et inversement. Ce que vous êtes, votre vitalité, votre humeur, résulte de leurs relations ; si celles-ci sont harmonieuses, tout va bien ; dans le cas contraire, leurs déséquilibres provoquent fatigue, stress, maladie.

Les Asiatiques prennent en compte ces relations, pour se nourrir et préserver leur bonne santé. Ils ne se pensent pas comme un corps et un esprit séparés, indépendants, mais comme un tout.

Ce n'est pas toujours le cas en Occident. Pour y remédier, vous alimenter autrement, en respectant les principes prescrits par la médecine asiatique, vous aidera à restaurer une alliance juste et consciente entre votre organisme et votre psychisme, et à vous garder en bonne santé et heureux. C'est le principe de notre méthode basée notamment sur la sagesse et les connaissances médicales de la tradition asiatique.

« Vous êtes ce que vous mangez »

Cela signifie que vous êtes d'abord « biologique » comme l'affirmait également dans la seconde partie du XXe siècle, George Ohsawa, le fondateur de la macrobiotique. Votre alimentation structure vos cellules avant de nourrir votre psychisme et stimuler vos humeurs. C'est pourquoi, en Chine, traditionnellement, les médecins soignaient, en première intention, avec l'alimentation. Ils prévenaient et soignaient les maladies par l'alimentation. Dans le Sichuan par exemple, il n'était pas rare de trouver des officines où les praticiens utilisaient leurs connaissances des saveurs et des aliments pour traiter leurs patients. Ceux-ci se rendaient à leur échoppe, le thérapeute prenait leurs pouls (en médecine chinoise, on considère que nous avons plusieurs pouls), examinait leur langue, leur teint… et leur proposait une série de plats à consommer sur place ou à confectionner chez eux. Jusqu'à la révolution culturelle, c'était une démarche banale. Quelques exemples de ce qui se faisait couramment dans ces officines :

• L'hippocampe, séché et entier ou en poudre, était par exemple utilisé en soupes ou en tisanes pour soulager ou guérir certaines infections dermatologiques et certaines formes de bronchite, d'asthme, d'athérosclérose, de dépression ou d'anxiété. Depuis, la science a mis en évidence que ce petit animal des mers contient une concentration en magnésium et en zinc élevée ;

- Le ginseng et le gingembre étaient également des aliments-médicaments courants connus pour leurs vertus aphrodisiaques (ils stimulent l'énergie yang du corps et le désir) ;
- Les champignons, considérés comme de puissants fortifiants, occupaient aussi une place de choix dans la pharmacopée traditionnelle. Les champignons blancs préparés avec du sucre servaient de sirop pour soigner certaines toux bronchitiques. D'autres espèces étaient utilisées pour renforcer la vitalité.

Ces exemples mettent en avant les liens alimentation-corps-esprit et l'approche holistique de la santé par les médecins de traditions asiatiques.

Cette pensée repose sur une conception du monde qui stipule que le cosmos, la nature, l'Homme sont parcourus par une énergie commune : le qi.

> « Vous devez mâcher vos boissons et boire vos aliments. »
>
> GANDHI

LA MÉDECINE TRADITIONNELLE CHINOISE

Cette médecine très ancienne, bien qu'elle ait une base philosophique, s'est élaborée en observant les vivants. Elle considère le cœur, le corps et l'esprit comme un tout, et les phénomènes à partir des relations énergétiques existantes entre eux. Tout en soignant la plupart des maladies, elle se veut préventive. Elle vise à maintenir l'harmonie de l'énergie à l'intérieur du corps et entre le corps et le monde environnant. La bonne santé physique et psychologique permet d'affronter les agressions. La maladie fait perdre cette capacité d'adaptation. Il ne s'agit pas de traiter le symptôme, mais la personne.

Elle comprend et détermine les cinq pratiques : la pharmacopée chinoise, l'acupuncture, la diététique, le massage et des exercices énergétiques (le qi gong et le taï-chi).

La vision chinoise de la médecine est à la fois symbolique et pratique. L'énergie fondamentale de l'Univers est le qi. Il intervient à la fois sur la constitution et le fonctionnement du corps et de l'esprit.

La médecine traditionnelle chinoise considère que le corps renferme les organes, les entrailles et cinq substances vitales : le sang, les liquides organiques et trois trésors : le shen (esprit créateur), le *qi* et le *jing* (les caractéristiques intimes de chacun).

Les causes des maladies peuvent être externes : le vent, le froid, l'humidité, la chaleur, la sécheresse ; ou bien internes : la colère, le chagrin, la tristesse, la frayeur, la joie, le souci et la peur. Chaque émotion touche l'organe qui lui est associé. Par exemple, la colère atteint le foie et la peur blesse les reins. Il existe d'autres causes, le surmenage, les accidents, la mauvaise hygiène alimentaire, etc. La médecine traditionnelle chinoise pense l'être humain dans sa globalité.

LES ÉNERGIES

« Il y avait quelque chose d'indéterminé avant la naissance de l'Univers. Quelque chose de muet, de vide, Quelque chose d'indépendant, d'inaltérable… Ne connaissant pas son nom, je le nomme la Voie, le "Dao". »

Lao Zi, *Dao De Jing*

Vous avez conscience qu'il est grand temps que vous preniez votre santé en main de manière pragmatique, simple et écologique ? Alors quoi de mieux que de suivre une méthode étayée et validée par des siècles d'expérience collective et populaire, en Asie. Pour cela, vous allez commencer par passer un contrat de confiance et d'amour avec vous-même. Conscient du pouvoir de l'alimentation sur votre santé et votre bien-être psychique, faites tout ce que vous pouvez pour vous donner les moyens de vous épanouir et d'être heureux.

Nous allons vous y aider en vous faisant découvrir le système énergétique à partir duquel se déploie tout l'univers visible et invisible selon les traditions du continent asiatique.

Ne vous inquiétez pas face à la complexité des notions qui suivent. Vous découvrez un nouvel univers, laissez-vous porter par cette dynamique.

> « L'Homme qui observe, évolue jusqu'à ne faire qu'un avec le courant des choses. »
>
> KRISHNAMURTI

TOUT EST ÉNERGIE

Apprivoisez votre corps

Envisagez votre corps comme s'il était un vaisseau neuf ou inconnu, afin d'en prendre possession. Pour cela, vous allez donc devoir apprendre à le protéger, à l'observer, à l'entretenir et à le piloter.

Au début, vous tâtonnerez, puis, la pratique aidant, au fur et à mesure que vous connaîtrez mieux son fonctionnement, vous parviendrez facilement à savoir quelles sont les énergies que vous devez lui fournir, sur le moment, pour le faire fonctionner de façon optimale, selon ses besoins.

Un peu de patience, de pragmatisme, de lucidité, de sagesse et de bon sens vous seront nécessaires pour entreprendre cet apprentissage. Puis très vite, vous prendrez conscience des liens étroits existant entre votre corps et votre esprit, et du fait que vous avez besoin de leur action conjointe et harmonieuse pour entretenir votre vitalité et votre joie intérieure.

Osez le changement

Osez changer vos habitudes. Osez découvrir une autre réalité et une approche de l'existence différente de celle enseignée notamment dans les pays judéo-chrétiens. Comme le dit Sénèque : « Ce n'est pas parce que c'est difficile que l'on n'ose pas, c'est parce qu'on n'ose pas que tout devient difficile. »

Alors, n'attendez plus, lancez-vous, innovez, et découvrez avec nous le Dao, la voie du qi, du souffle, de la source de la vie selon la tradition taoïste pour changer le regard que vous posez sur les évènements de votre vie, sur la réalité.

Sans le qi, il n'y a pas de vie, disent les anciens Chinois. Zhuang Zi affirmait : « La vie de l'Homme est due à l'accumulation du souffle. Si le souffle s'accumule, il y a vie. S'il se disperse, il meurt. »

Aussi, identifiez, constatez, comment naît l'énergie créatrice et originelle de l'Univers et de toute vie. Étudiez ses mutations. C'est, vous le constaterez, une expérience jubilatoire et enthousiasmante car innovante. **Votre corps, à travers les énergies qui le composent et qui constituent les aliments, devient alors, en effet, pour vous, un laboratoire, et le moyen de vous maintenir en bonne santé.**

« Le qi c'est le ciel, ce qui établit la communication entre les choses, ce qui pénètre partout, le vent, le mouvement, la transformation, la respiration, ce qui est léger, ce qui s'élève, ce qui s'envole, ce qui se disperse, ce qui ouvre, ce qui brille. C'est la lumière. »

Traduction d'un écrit taoïste
par Catherine DESPEUX

CRÉATION ET MUTATION DES ÉNERGIES SELON LE TAOÏSME

Les mécanismes du qi

Selon les anciens Chinois, les mutations de l'énergie, du qi, se décident à trois niveaux :
- dans l'univers visible et invisible elles façonnent et définissent les caractères, les qualités, et les fonctions de tout ce qui existe ;
- chez l'Homme, elles déterminent la nature des émotions, le fonctionnement des organes et des viscères, les âges de la vie ;
- dans la nature, elles spécifient la nature des aliments, le rythme des saisons, l'évolution des animaux et des plantes, la circulation des planètes.

Le qi nous constitue entièrement. Tout ce qui nous environne également. Cette structuration, la même pour tout ce qui existe, explique pourquoi nous sommes aussi dépendants pour notre bien-être de ce qui se passe autour de nous ; pourquoi chacun d'entre nous est un microcosme à l'image du macrocosme, l'Univers.

Le qi agit au présent. Si vous voulez agir sur le qi, vous devez le faire au présent. Passé et futur sont en effet deux énergies qui n'existent pas en réalité. L'énergie du passé est déjà expirée, éteinte. L'énergie du futur n'est pas encore formée. Leurs mouvements respectifs soit ne sont plus, soit ne sont pas encore advenus. Leurs qi n'existent donc pas. Ils sont vides, sans consistance, sans impulsion. Ce qui explique pourquoi, si vous vous projetez en pensée et émotionnellement dans ces deux espaces illusoires du temps, vous créez en vous une distorsion énergétique, une faille qui engendre un malaise, voire plus grave : des maladies et de la souffrance !

Ainsi, le bien-être, la santé, le bonheur, se vivent, centrés, au présent. Ils expriment un accord harmonieux, juste, du corps et de l'esprit dans l'instant. Vous ne pouvez les réaliser que si vous êtes pleinement enraciné, en conscience, dans le moment.

Les prémices de la formation du qi

Dans le bouddhisme et le taoïsme, il n'y a pas de Dieu créateur. Tout est énergie et évolue de manière cyclique. Il n'y a ni début ni fin. L'astrophysicien Hubert Reeves dit à ce propos : « Nous sommes poussières d'étoiles et nous retournerons aux étoiles. »

En Chine, Lao Zi a décrit en détail cette conception du monde et le cycle des énergies. Nous devons à ce grand sage de connaître les modes de transformation du qi, l'énergie primordiale, et l'un des ouvrages les plus traduits dans le monde, le *Livre de la Voie et de la Vertu*, le *Dao De Jing*.

LAO ZI

Personne ne peut affirmer avec certitude que ce vieux sage qui aurait vécu à la même époque que Confucius, au Ve siècle av. J.-C., et qui est considéré comme le père fondateur du taoïsme, ait existé. De nombreux mythes relatent sa naissance, sa vie et sa disparition qualifiée de surnaturelle. Certains textes racontent, par exemple, à ce propos qu'il serait parti pour une destination inconnue afin de se consacrer éternellement à la voie qu'il avait enseignée, le Dao ; et qu'il serait toujours vivant ! De nombreux Asiatiques croient en l'existence d'une sorte de paradis qui accueillerait les grands sages passés en attendant qu'advienne l'Éveil spirituel de tous les êtres humains. Cette légende a inspiré de nombreux Occidentaux et des films tels *Les Horizons perdus* de Frank Capra.

Les Chinois représentent le plus souvent Lao Zi sous la forme d'un vieillard à la barbe blanche, monté sur un buffle, en train de franchir cette fameuse passe de l'Ouest, par laquelle il aurait pu s'échapper du monde. Image qui rappelle au profane ce que dit la tradition taoïste : c'est à ce moment-là que, à la demande du gardien de la passe, Lao Zi aurait laissé aux hommes les cinq mille caractères constituant le Dao De Jing.

Dans ce texte, Lao Zi enseigne la vacuité : un « vide-plein », qui n'est ni le vide, ni le néant, mais une conjonction d'énergies en effervescence constante, qui rend possibles les mutations de l'énergie et induit la loi de l'impermanence à laquelle tous les phénomènes sont soumis. L'existence de ces deux principes, vacuité et impermanence, expliquent que rien ne peut durer en l'état et que tout se transforme sans cesse. **La vie est un mouvement cyclique permanent**.

LA VACUITÉ

Selon les maîtres bouddhistes et taoïstes, la vacuité, ce vide-plein initial d'où tout provient et où tout retourne, s'expérimente en développant « l'attention consciente » dans le moment présent.

La vacuité rend possibles les mouvements de l'énergie de notre esprit. Elle est LA condition de la vie. Les sages chinois ont beaucoup enseigné sur ce vide créateur qui préside aux mouvements du qi dans la pensée, la méditation, la calligraphie, les arts martiaux, les poèmes, la musique, la médecine, la cérémonie du thé. Ce vide-plein est décrit par Lao Zi dans le *Dao De Jing* ainsi : « Trente rayons convergents autour d'un moyeu : c'est dans le vide médian que réside l'unité du chariot. On moule l'argile en forme de vase : c'est par le vide qu'ils sont des vases. Une maison est percée de portes et de fenêtres : ces vides font l'unité de la maison. L'enseignement à en tirer en conséquence est que le vide fait l'unité des choses et sert à œuvrer. »

En clair : tous les processus de transformation découlent de l'existence du vide. Si vous appliquez ce principe dans votre quotidien, votre vision du monde évoluera, vous intégrerez mieux la nécessité de faire une pause créatrice, de lâcher prise entre deux mouvements de votre conscience ou entre deux actions, et vous serez moins stressé et plus heureux.

> « Je scrute du regard et ne vois rien,
> je nomme cela l'indistinct.
> J'écoute et n'entends rien,
> je nomme cela le silencieux.
> Je touche et je ne sens rien,
> je nomme cela le subtil.
> Interroger ces trois-là n'apporte pas de réponse.
> Ils ne sont qu'unité indifférenciée. »
>
> LAO ZI

« Le yang est l'énergie du ciel. Il est la lumière, la chaleur, la surface, la sécheresse, le soleil, le principe mâle… Il est défini en relation avec le yin, la terre, le principe femelle, l'ombre, le froid, la profondeur, la lune. Yin et yang se complètent, agissent l'un sur l'autre, en toute chose. Quand le yin croît, le yang décroît et inversement. Ils sont liés l'un à l'autre à jamais. »

Su Wen (*Traité de médecine chinoise*)

Le *Dao*

Dans les traditions chinoises et bouddhistes, tout phénomène résulte d'une infinité de causes et de conditions. Selon le *Livre de la Voie et de la Vertu*, le *Dao De Jing*, chaque état, chaque mouvement énergétique se décrypte en relation, en lien, avec ceux qui le devancent et le suivent, et est la conséquence directe des mutations et transformations qui le précèdent. Le hasard n'intervient pas ici.

Le hasard n'intervient pas non plus chez l'homme. Ce qui explique pourquoi ces traditions lui confèrent une si grande responsabilité vis-à-vis des conséquences de ses actions et de ses attitudes mentales et affectives, négatives comme positives. Dans cette partie du monde, l'être humain peut et doit, en effet, s'efforcer de choisir la direction qu'il souhaite donner à son existence : devenir bon, généreux, ou se laisser emporter par les conséquences de ses penchants néfastes. Aucun sage, aucun maître, n'oserait prétendre que la voie du cœur et de la bonté est facile à parcourir, mais tous affirment en revanche qu'en observant les causes et les conditions qui donnent naissance à la souffrance mentale et physique, nous pouvons comprendre la nécessité d'en combattre les effets malheureux, en agissant en conscience.

Une grande responsabilité est également conférée, en Asie, à l'homme vis-à-vis de la nature. Beaucoup de ses dérèglements lui sont imputés. Le changement climatique actuel qui mobilise désormais de très nombreux gouvernements et citoyens dans le monde qui, tous, tentent de trouver des solutions pour y remédier, le prouve.

Ces différents points montrent la nécessité d'étudier le mouvement et les variations des énergies dans l'homme et dans la nature pour pouvoir agir dessus, en toute connaissance. Le schéma précis, codifié, rigoureux que nous allons détailler maintenant vous le permettra.

> « Tout ce qui a un corps naît de l'incorporel. [...] La mutation est l'état dans lequel la forme ne se manifeste pas encore. Le grand commencement est la genèse de la force. [...] L'état dans lequel forme, force et matière n'étaient pas encore séparées est dit chaos, le wu wei. Ainsi nomme-t-on cet état de mutation, qui en mutant, devient un, et donne naissance aux formes… »
>
> Lie Tseu, *Traité du vide parfait*

La formation des cinq éléments

À l'origine de toute chose est le *wu ji* : « **le chaos primordial** », appelé aussi « le sans faite », le « sans forme ». Il est vide de toute manifestation visible et invisible.

Sa mise en mouvement centrée induit le début de la création. À cette étape, il se nomme le *zhong ji* : « **le faîte central** ». Le point centré détermine l'axe principal, essentiel, à partir duquel chaque chose peut exister, se créer, se dynamiser.

Quand nous évoquons dans ce livre la nécessité d'être centré, nous faisons référence à cette notion, à ce moment déterminant dans la création des énergies dans l'Univers et dans chaque être humain. Retrouver une bonne santé se fait donc, obligatoirement, en se centrant. C'est un passage obligé.

Le *tai ji*, que l'on peut traduire par « **le faîte suprême** », en est issu. Cette étape marque le début de la différenciation des énergies selon leur nature, leur densité, à partir du centre qui structure le visible et l'invisible. C'est le début de l'organisation des énergies en deux parties, « en ciel et en terre ». Si une ligne horizontale séparait le cercle en deux parties égales : au-dessus de l'horizon, en haut, se situerait le yang, et en dessous, le yin.

Le tai ji, en évoluant et en se centrant simultanément en haut et en bas, crée **le yin et le yang**. C'est le début du monde manifesté dans lequel chaque mouvement, chaque forme, est qualifié de yin ou de yang. Le yin, en noir, est inclus en germe dans le yang et *vice versa*. Il existe toujours dans le yin, un peu de yang et dans le yang, un peu de yin. C'est pourquoi leurs mutations en l'un et dans l'autre ne cessent jamais.

WU JI, LE SANS FAÎTE

ZHONG JI, LE FAÎTE CENTRAL

TAI JI, LE FAÎTE SUPRÊME

LE YIN ET LE YANG

Le yin et le yang

Le yin et le yang sont deux mouvements différenciés, indissociables, complémentaires. Ils ne peuvent exister l'un sans l'autre. En clair, il n'y a pas de yin sans yang et inversement. Les variations d'état, de mouvement, de forme de l'un agissent sur l'autre et réciproquement. Le déséquilibre de l'un engendre le déséquilibre de l'autre.

Comprendre cette mécanique est indispensable pour vous garder en bonne santé physique et psychique. Cela vous permettra de déterminer si votre organisme, ses fonctions, ce que vous lui donnez pour l'entretenir.... est plutôt yin ou yang. C'est très important car selon votre bilan, c'est à partir de ces caractéristiques que vous pourrez ajouter, retirer du yin ou du yang, ce qui vous sera nécessaire pour entretenir ou restaurer votre forme.

Pourquoi parle-t-on d'abord de yin puis de yang ?

- Le yin, plus dense, se manifeste avant le yang qui l'a induit. Il exprime en général un état, une attente, une capacité matricielle à recevoir et à accueillir, c'est le résultat d'une action.
- L'action, le mouvement, tout ce qui induit, sont considérés comme étant yang.

Mais, attention, vous ne pouvez pas spécifier la nature yin ou yang d'un aliment, d'une émotion, sans déterminer d'abord, en fonction de quel critère vous le faites. Par exemple, l'homme est yin si on le compare au ciel qui est yang. Mais il est yang si on le compare à la femme qui a des énergies yin..

Quelques exemples de yin et de yang :

YIN	YANG
Femme	Homme
Nord	Sud
Lune	Soleil
Eau	Feu
Plaine	Montagne
Nuit	Jour
Obscurité	Lumière
Pieds	Tête
Abdomen	Thorax
Féminin	Masculin

Les cinq éléments, tout ce qui constitue le monde visible

Le yin et le yang se transforment, mutent, se combinent pour former les cinq éléments (le bois, le feu, la terre, le métal et l'eau).

À la fois états, qualités et mouvements, ces cinq éléments spécifient et déterminent cinq catégories d'énergie : dynamiques, vivantes, mouvantes, en relation constante les unes avec les autres. Ils pensent et régissent tout ce qui existe dans l'Univers et dans l'Homme (Univers et Homme étant liés, et sous l'influence l'un de l'autre).

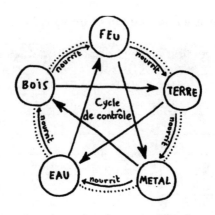

Tout comme il n'est pas possible de parler de yin sans évoquer, en creux, le yang associé, il n'est pas possible de spécifier l'un des éléments sans le référencer aux autres comme vous pouvez le voir sur les schémas suivants.

Cycle de formation naturelle des éléments entre eux

Les cinq éléments s'engendrent les uns les autres de façon naturelle et « positive ».

- Le début du cycle se fait au « bois », au printemps : le bois donne le feu, qui donne naissance à la terre, puis au métal et enfin à l'eau…
- Ce cycle exprime les relations entre l'extérieur et l'intérieur de l'Homme, et entre son corps et son psychisme. Il symbolise aussi les relations internes dans l'Homme, le mental, la pensée, la manière

de véhiculer le souffle. Ici, l'alimentation, la respiration, sont déterminantes dans les mécanismes de prévention et de préservation de la santé.

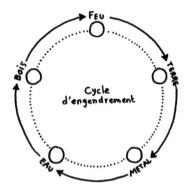

« Le Dao donne naissance à l'Un. L'Un donne naissance à Deux. Deux donne naissance à Trois, Le Trois engendre les Dix Mille Êtres. Les Dix Mille Êtres portent à dos le yin et dans leurs bras, le yang puissant de l'harmonie de leur souffle. Toute chose est lumière et obscurité, Le mouvement lui donne l'harmonie. »

Lao Zi

Cycle de contrôle, de régulation

- Il commence là encore à partir du bois : le bois contrôle la terre qui contrôle l'eau, qui contrôle le feu, qui contrôle le métal.

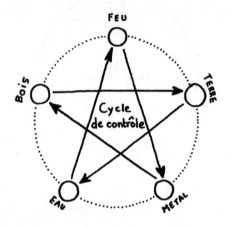

LES « 10 000 ÊTRES »

Cette expression symbolique exprime tout ce qui existe dans le monde visible et invisible.

Tout ne cesse pas pour autant à la création des 10 000 êtres. Du fait de la loi de l'impermanence et de l'existence cyclique de chaque chose et de chaque être, **ils évoluent ensuite en revenant à l'origine**.

C'est le retour inévitable au *wu ji* car comme le dit Lao Zi : « Toute chose après avoir fleuri retourne à sa racine. »

> « Tout ce qui vient à vous, vient à vous parce que vous l'avez attiré. Tout ce qui vient à vous, vient à vous comme un défi et comme une opportunité pour progresser. »
>
> Swami PRAJNANPAD

LES CINQ ÉLÉMENTS : COMMENT VOUS EN SERVIR ?

Un tableau vous permettra, dans la deuxième partie, de vous familiariser de façon concrète avec les cinq éléments, et de marier à bon escient les saveurs et donc les aliments que vous allez cuisiner en tenant compte de leurs caractéristiques et de votre état énergétique du moment.

Ce chapitre s'adresse bien sûr aussi à ceux qui ne sont pas en bonne santé. Si c'est votre cas, ces recommandations pourront en effet vous aider à adapter par exemple votre alimentation à votre état et peut-être à renforcer votre organisme.

Que devez-vous retenir et comprendre de ce système énergétique ?

- Votre corps est le réceptacle de toutes les énergies extérieures qui influent sur ce que vous êtes et sur votre vitalité : relations avec vos environnements naturels, sociétaux, professionnels, affectifs…
- Votre corps étant le lieu de mutation des énergies qui vous traversent, votre manière de les utiliser et de les transformer en utilisant le qi, le

souffle de la respiration, l'alimentation et votre psychisme, est déterminante dans la constitution et la fabrication de vos énergies, donc de votre santé.

- Malgré les tendances psychiques ou culturelles, spontanées, et autolimitantes qui vous empêchent de voir et de prendre en considération les incroyables ressources et facilités de changement dont vous disposez, votre corps ne vous limite en rien, pour acquérir une bonne gestion de votre bien-être.

- La vie étant un mouvement incessant, cette méthode de prévention est basée sur la connaissance des mécanismes de transformation des énergies dans le corps. Tout évoluant en permanence, comprendre et suivre le mouvement intrinsèque de ces énergies est gage de sérénité, de paix intérieure, de bonheur, et de bonne santé, y compris lorsque vous rencontrez des situations difficiles. Pourquoi ? Car le mal-être physique et la souffrance psychique et affective que nous pouvons ressentir sont renforcés dès lors que nous n'acceptons pas de les expérimenter. Refuser ce qui se présente à vous accroît, en effet, les difficultés. Alors que si vous lâchez prise, que vous acceptez ce qui est, vous pouvez trouver en vous la force et les solutions adaptées à ce que vous vivez.

- Le secret d'un bonheur lucide et de la bonne santé est d'apprendre à dire un *oui* inconditionnel à tout ce qui se présente à vous quand vous ne pouvez pas le changer dans l'instant. Comme le dit le sage bouddhiste Shantideva : « Si un problème peut être résolu, à quoi bon se faire du souci. Il n'y a aucune raison de s'énerver ou de déprimer. Et si ce problème est tel que rien ne peut le changer, pourquoi s'en attrister ou le rejeter ? Quoi qu'il arrive, il est inutile de se mettre en colère ou de sombrer dans la déprime. »

ÉQUILIBRE INTÉRIEUR
ET SANTÉ SELON BOUDDHA

« S'abstenir de tout mal, cultiver le bien, purifier son cœur, voici l'enseignement des bouddhas. »

Dicton populaire

Pour le Bouddha, rester en forme et être heureux suppose de préserver un état intérieur pacifié et une bonne santé, en toute circonstance. L'étude des textes philosophiques, la pratique de la méditation, de la discipline, de l'éthique, et donner la priorité à autrui, permet notamment de les acquérir durablement et de révéler tout le potentiel de « notre nature de Bouddha », nature que nous possédons tous. Selon les textes traditionnels, celle-ci représente en quelque sorte un état physique, psychique et spirituel où nos forces sont en équilibre, justes, et adaptées au mieux à nos conditions de vie.

Cela posé, il importe de comprendre que cette sérénité, cette tranquillité stable et heureuse du corps, de l'esprit et du cœur ne s'acquièrent pas par magie, en un clin d'œil. Cela demande du temps et pour tout le monde. Mais nous pouvons y parvenir en appliquant des moyens adéquats pour canaliser et discipliner notre esprit, nos émotions, nos pensées et, ce faisant, optimiser notre vitalité. Ces moyens ont été décrits par le Bouddha en se basant sur sa propre expérience. Pour obtenir des résultats concrets, vous devez donc vous armer de patience, de diligence et ne pas perdre de vue le but que vous vous fixez. Avoir un cap aide, en effet à traverser les tempêtes, les moments de troubles, les difficultés inhérentes au quotidien. Ce cap, ce livre vous aidera, nous le souhaitons, à le fixer et à le tenir.

> « Celui qui est le maître de lui-même est plus grand que celui qui est le maître du monde. »
>
> BOUDDHA

QUI ÉTAIT LE BOUDDHA HISTORIQUE ?

L'histoire du Bouddha Siddhârta Gautama, ou Sâkya-muni, s'est construite au cours des siècles en associant, comme ce fut le cas pour tous les fondateurs des grandes religions, la réalité à des mythes, nés de l'immense dévotion de ses disciples. Bien que son existence ne soit pas mise en doute, les dates précises et les conditions exactes de sa vie ne sont pas bien connues. La plupart des sources lui attribuent une naissance aux alentours du VIe siècle av. J.-C., dans une famille royale ou noble ou de haute caste, au nord de l'Inde – le sud du Népal actuel –, et une durée de vie de quatre-vingts ans, très longue pour l'époque. C'est à cet âge, au moment de sa mort, qu'il réalisa l'Éveil suprême, le *parinirvâna*, la libération complète à la fois de la souffrance et de ses causes et du cycle des renaissances.

QUELQUES ÉPISODES DE SA VIE

Sa naissance à Lumbinî s'explique car sa mère, Maya, dut interrompre son voyage à la fin de sa grossesse pour accoucher. Les conditions de cette naissance sont parvenues jusqu'à nous grâce à des légendes qui parlent d'une venue au monde miraculeuse. Né en pleine conscience, Siddhârta Gautama se serait mis aussitôt debout, aurait fait sept pas dans les quatre directions, ce qui symbolisait son destin de grand souverain.

Il appartient au clan des Shakya. D'où son nom Sâkya-muni, qui rappelle ce lien.

Toujours selon la légende, sa mère étant morte pratiquement en couches, son père l'élève avec l'ardente volonté qu'il lui succède. Des huit voyants qu'il consulte, comme c'est à l'époque la tradition en Inde, un seul lui dit que son fils quittera le royaume pour devenir un sage à la renommée universelle.

La légende continue : le jeune prince, protégé de toute souffrance par son père qui espère ainsi pouvoir le garder près de lui, reçoit la meilleure éducation possible. Devenu adulte, installé dans une existence ouatée et confortable, Siddhârta épouse Yashodhara, sa cousine germaine, et a un fils, Rahula. Mais au bout de quelques années, cette vie insouciante, vaine et heureuse, lui pèse. Siddhârta, confiné dans son palais par son père, s'ennuie et entreprend de voir le monde extérieur. Le souverain, son père, averti de son désir, organise pour son fils une société extérieure idéale. Mais, malgré toutes ces précautions, lors de ses sorties, Siddhârta rencontre un vieil homme, un malade, un ermite et un mort. C'est la première fois de son existence qu'il est confronté à ces réalités. À presque trente ans, le jeune prince comprend alors que la souffrance est omniprésente dans le monde et décide de chercher le moyen de s'en libérer. Conscient que cette quête passe par un changement de vie radical, il s'enfuit du palais, renonce à son statut, à ses richesses, à sa famille et à sa religion pour chercher une voie universelle, accessible à tous, qui libérera les êtres de toute forme de conditionnement, du karma (la loi de cause à effet), et du samsara (le cycle des existences). Pendant six ans, il se consacre à des pratiques d'ascèse extrêmement sévères, puis y renonce. À trente-cinq ans, le jour où à BodhGaya, en méditation, il réalise l'Éveil, la connaissance absolue des causes de la souffrance et la libération de toute forme de souffrance. Suite à cela, ses disciples le nomment Siddhârtha Gautama, le Bouddha, « l'éveillé ». Il commence à enseigner et préconise à ceux qui le suivent de suivre la voie qu'il vient de découvrir, la voie du Milieu dépourvue de tout comportement et pensée extrêmes : le chemin octuple. Le mot « Bouddha » signifie donc l'Éveillé et symbolise sa réalisation intérieure.

SES PRINCIPAUX ENSEIGNEMENTS

> « Tout en voulant lui échapper, nous nous
> jetons dans la souffrance. Nous aspirons
> au bonheur mais, par ignorance, le détrui-
> sons comme s'il était notre ennemi. »
>
> SHANTIDEVA

Premier enseignement : les quatre nobles vérités

Le but du Bouddha fut dans un premier temps de comprendre les causes et mécanismes de la souffrance afin de s'en libérer. Cette méthode, en quatre points, a valu au Bouddha l'un de ses surnoms : « Le Grand thérapeute ».

- **1re Noble Vérité : tout est souffrance**. C'est le diagnostic. Nous le posons en constatant que nous sommes tous atteints par la souffrance, y compris quand nous nous pensons heureux car nous savons, au fond de nous, que le plaisir et les moments de bonheur sont liés à des conditions extérieures et ne sont pas destinés à durer. Reste que des causes objectives à la souffrance peuvent exister. Par exemple, quand on est blessé. C'est ce que l'on nomme la souffrance en soi.
- **2e Noble Vérité : il y a des causes à l'origine de toute souffrance**. Les transformer, les maîtriser, suppose de les déterminer. C'est ce qu'on nommerait en médecine l'étiologie, la recherche des causes.

- **3ᵉ Noble Vérité : tout étant par nature impermanent**, mettre fin à ces causes est possible. Nous pouvons donc guérir de la souffrance si nous traitons ses causes de manière adaptée à notre situation. Pour continuer l'image médicale, c'est la prescription.
- **4ᵉ Noble Vérité : les différentes étapes de la voie bouddhiste conduisent à la cessation de la souffrance.** Elles comprennent notamment l'entraînement à l'éthique (parole, activité et façon justes de se comporter et de gagner sa vie), à la méditation, à la sagesse pour comprendre par exemple les torts que provoquent les actions négatives, à la concentration supérieure, à l'équanimité, à la vue et à la pensée correctes.

Les autres enseignements fondamentaux du Bouddha

- Prendre en compte que tout naît de causes et de conditions : c'est le principe du karma, de la loi de cause à effet.
- Agir en réfléchissant à la portée de ses actes, de ses pensées, de ses motivations. La loi du karma, de la causalité dit en effet que toute action, toute pensée, toute émotion, a des conséquences positives, négatives, neutres, selon la motivation qui la sous-tend et selon sa nature.
- Toute chose et tout être n'existe qu'en interdépendance. Tout est lié.

- Considérer toute chose comme étant aussi éphémère qu'une étoile filante, un mirage, une flamme, une goutte de rosée, une bulle sur l'eau, car rien ne dure : c'est le principe de l'impermanence.
- Rien n'a d'existence en soi : c'est le principe de la vacuité.
- Le seul moment du réel est le présent.

L'IMPORTANCE D'ÊTRE SEREIN POUR ÊTRE EN BONNE SANTÉ

> « Le Bonheur ne se trouve pas avec beaucoup d'effort et de volonté, mais réside là, tout près, dans la détente et l'abandon. »
>
> Guendune RINPOCHÉ

À ce stade de votre lecture, vous aurez sans doute compris pourquoi évoquer la sérénité de l'esprit, cet état d'harmonie intérieure stable et durable de plénitude et de satisfaction, d'où la souffrance, le stress, et l'inquiétude sont absents, est si essentiel dans un ouvrage qui parle de prévention pour la santé. Il est en effet impossible d'être et de demeurer en forme et plein de vitalité, si votre esprit est maussade, anxieux, angoissé, déprimé et que vos pensées tournent en boucle. C'est pourquoi la sérénité est aussi une expression du corps et de la santé. Elle est l'aboutissement d'une construction pensée, voulue de l'esprit, qui prend en compte l'ensemble de la personne.

Sérénité et santé du corps

Ainsi, être serein, c'est être en bonne santé, et cela se voit sur votre visage, votre corps, votre manière de bouger, de vous situer dans vos relations aux autres, et de vous alimenter.

Votre esprit et votre corps sont liés et interdépendants. C'est avec ce formidable matériau, la totalité de votre personne, que vous allez pouvoir élaborer, pas à pas, votre sérénité et votre bonne santé, si vous le décidez. Il y aura forcément des ratés, des doutes, de la souffrance parfois aussi, mais c'est un processus normal, à accepter inconditionnellement pour avancer, car il y aura aussi de magnifiques réussites.

En apprenant à vous détendre, à devenir serein, vous vous obligez à définir quelles sont vos priorités ; à donner du sens à vos existences ; à développer des qualités de cœur, telles que la générosité, l'amour, la tendresse, la solidarité, la tolérance ; et tout cela participe à vous rendre heureux et à vous maintenir en forme !

Centrez-vous

Ce qui compte, c'est vous et ce que vous ressentez. Il n'y a pas une sérénité, un même schéma reproductible à l'infini chez tous les êtres, il y a des sérénités. Il y en a autant que d'existences, que de personnalités et de cerveaux. Ainsi, la sérénité que vous réaliserez petit à petit sera différente de celle de vos proches ; de plus, elle évoluera, au cours de votre vie.

Au départ, fragile, éphémère, sans cesse remise en question, elle deviendra au fur et à mesure que vous croirez en vous, que vous accepterez de vous faire confiance, tel que vous êtes, avec vos qualités et vos défauts, de plus en plus stable et profonde. Et, un jour, vous vous apercevrez que quelles que soient les tempêtes extérieures ou intérieures que vous traversez, elle demeure en vous ; qu'elle vous procure stabilité, force, et équilibre. Le jour où cela arrivera, cela signifiera que vous avez cessé de vous identifier à vos souffrances, à vos maladies, à votre stress, et vous serez dès lors moins fatigué, moins angoissé, en meilleure santé. Car la sérénité, en vous guérissant de vous-même, de vos enfermements, de vos peurs, soigne en même temps bien des troubles.

> « L'esprit est difficile à maîtriser et instable. Il court où il veut. Il est bon de le dominer. L'esprit dompté assure le bonheur. »
>
> BOUDDHA

EN RÉSUMÉ

Les enseignements du Bouddha véhiculent un message qui s'adresse à tous les êtres, quelles que soient leurs cultures et l'époque où ils vivent. Ce qui le rend universel. Aussi : adoptez ces principes en développant la Pleine Attention, la concentration, les émotions positives – nous vous indiquerons comment dans la partie dédiée aux exercices.

Aidez-vous des tableaux des correspondances (page 109) aliments-émotions-organes pour entretenir naturellement votre bien-être intérieur et physique. « Il faut faire le travail vous-même, car les bouddhas ne font qu'enseigner la voie » (Bouddha).

Efforcez-vous toujours d'être autonome car comme l'a dit le Bouddha à la fin de sa vie : « Travaillez sans relâche, gardez votre intention concentrée, surveillez vos pensées… et soyez votre propre lampe ! » Par ces mots, le Bouddha a incité chacun d'entre nous à être libre et à suivre cette voie pragmatique et rationnelle qu'il a montrée. Une voie universelle, laïque, accessible à tous.

LA SANTÉ : PRÉVENIR PLUTÔT QUE GUÉRIR

« Laisse ta vie danser avec légèreté sur les bords du temps comme la goutte de rosée à la pointe de la feuille. »

Rabindranath TAGORE

L'approche holistique, globale, alliant connaissances et pratiques traditionnelles et actuelles que nous vous proposons ici, va vous montrer maintenant d'une part comment faire pour vous maintenir en bonne santé et, d'autre part, comment procéder pour prévenir tout désordre intérieur physique et émotionnel.

Pour cela, chaque personne étant unique, vous allez commencer par établir votre diagnostic énergétique (page 108). Cette étape vous permettra ensuite d'adapter votre alimentation (voir explication page 109) à ce bilan afin de vivre en plein accord avec les conditions de votre quotidien, les saisons, votre âge. Les exercices consacrés à la Pleine Attention, à la concentration compléteront cette démarche, puisque vous le savez désormais, préserver votre santé suppose d'accompagner également votre esprit.

Grâce à cette méthode, vous allez tenter la transformation, engager un réel et constructif dialogue entre votre corps et votre esprit, apprendre à mieux connaître votre mode de vie, vos habitudes, les autolimitations qui découlent des mécanismes routiniers liés à vos pensées et émotions. Pour cela, remettez-vous en question. Interrogez-vous quand vous rencontrez un problème organique ou émotionnel : cherchez son origine, demandez-vous s'il est dû à un déséquilibre psychologique ou alimentaire. Le tableau des correspondances des cinq éléments (page 109) vous y aidera.

Enfin, mettez toutes les chances de votre côté pour aller mieux et conserver intacte votre vitalité et pour vous responsabiliser vis-à-vis de votre santé. Cette forme d'éducation se nomme la prévention.

> « Le mandala est un espace, une unité de temps et de lieu dans laquelle nous sommes au centre et où se présente et se vit une expérience donnée et complète [...]. Il existe un moment où il convient, simplement, de voir les choses telles qu'elles sont, sans les interpréter. Là est l'essentiel. »
>
> Chögyam TRUNGPA

OCCUPER UNE JUSTE PLACE DANS LE MONDE

Comment trouver votre juste place dans votre vie de tous les jours et être en forme ? C'est ce que vous allez découvrir maintenant, grâce aux symboles universels des mandalas tibétains. Comme le dit le maître tibétain Chögyam Trungpa : « Le mandala est un sentiment d'existence totale où nous sommes au centre ». Être centré et être au centre, c'est-à-dire occuper sa juste place dans le monde, nous l'avons montré précédemment dans le chapitre sur la création du monde selon le *Dao*, est fondamental pour vivre, au présent, en accord avec ses propres énergies et celles de l'environnement.

Le terme sanskrit mandala signifie « cercle », « environnement », « espace », etc. Dans le tantrisme tibétain, les mandalas sont aussi nombreux que les différentes déités, bouddhas et bodhisattvas, décrits dans cette tradition et servent de support de méditation, en trois dimensions, aux pratiquants. Lorsqu'un mandala représente l'univers très codifié, d'une déité paisible, ses formes, ses couleurs, ses symboles, traduisent certains fonctionnements positifs de l'esprit : compassion, générosité, amour, tolérance. Les méditants visualisent et manient le contenu du mandala dans le but de transformer leurs penchants naturels.

En Occident, le psychanalyste Carl Gustav Jung s'est beaucoup inspiré des formes carrées ou rondes des mandalas présents dans les rêves de ses patients, pour mieux comprendre leur psychisme.

Avec cet ouvrage, vous utiliserez la métaphore du mandala pour exprimer les différents aspects des états physiques et psychiques de votre être, au moment où vous le réaliserez. Cela complétera votre bilan énergétique.

Comment dessiner votre mandala

> « Tous les plans sont interdépendants en vertu du principe dit d'interdépendance des êtres et des phénomènes [...]. Les liens qui unissent les éléments d'un système sont si étroits qu'une modification de l'un des éléments entraîne une modification de tous les autres et du système tout entier. Autrement dit, un système constitue un tout cohérent et indivisible. »
>
> Paul WATZLAWICK, école de Palo Alto

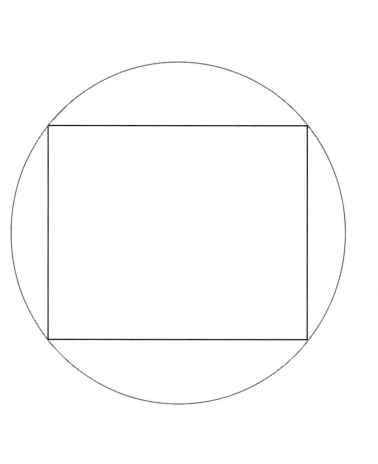

- Sa forme : un mandala a la forme d'un cercle, votre monde intérieur (vos pensées, vos émotions, vos sensations), à l'intérieur duquel est dessiné un carré orienté (vos racines, les traits marquants de votre personnalité).
- Il se compose de cinq couleurs fondamentales dont les proportions vous déterminent et vous spécifient à un instant T.
- C'est un système ouvert : il est donc question de mouvements intérieur/extérieur et extérieur/intérieur.
- Son utilisation : quand vous dessinez votre mandala, vous prenez conscience des mouvements de vos énergies en vous : vos pensées, vos émotions, votre état physique... Vous apprenez ainsi à être vigilant à ce qui se passe en vous ; à percevoir intuitivement l'état de votre vitalité ; et à accepter ce qui est, sans poser de jugement, et sans le subir pour autant. Cette première étape vous aide à lâcher prise sur vos attentes, vos peurs, un sentiment de culpabilité vis-à-vis de comportements alimentaires non appropriés, c'est-à-dire à être pleinement dans le moment présent, en acceptant ce que vous êtes, ce que vous vivez. Ce qui booste et « décoince » les énergies qui étaient bloquées par la fatigue, l'angoisse, le stress.

Dessiner votre mandala va vous permettre :

- D'affiner votre bilan énergétique.
- De commencer à vous rééquilibrer énergétiquement en dessinant votre mandala intérieur, c'est-à-dire en travaillant à partir de votre état physique et émotionnel du moment.

Exercice

Prenez une feuille de papier, des stylos-bille, des crayons de couleur, des feutres, ou des pinceaux et de la gouache, et dessinez ce qui, pour vous, représente votre mandala, votre structure intérieure, votre assise, votre organisme. Il est très important, que vous les utilisiez ou pas, d'avoir à votre disposition cinq couleurs principales : jaune, bleu, rouge, vert et blanc. Ce sont elles qui vous permettront d'interpréter votre état intérieur et physique, en fonction de leur proportion, dans votre dessin.

Le mandala représente votre univers intérieur et physique, tel que vous vous le représentez mentalement et le vivez. La manière dont vous l'exprimez en délimitant des espaces, en sélectionnant des couleurs et des formes, donne des indications précises sur votre façon de vous penser dans votre corps, votre famille, la société, au travail.

Pour décrypter votre mandala, les couleurs utilisées, etc., référez-vous aux indications ci-dessous. Les couleurs vous renseigneront sur votre état intérieur et physique. Ce sont ces couleurs et leurs proportions que vous devez prendre en compte ici.

Interprétation des couleurs

Le jaune est associé à la Terre

Fonctionnement « normal » :

- Cette énergie symbolise la capacité à s'adapter, à être prolifique, à donner, à s'accommoder facilement de tout, à être juste en tenant compte des circonstances…

Sous stress :

- La perte d'adaptabilité fait que les tendances comportementales qui se manifestent seront associées à un sentiment de « pauvreté » intérieure, à une sensation de manque, d'insatisfaction ; le tout pouvant être accompagné, en apparence, d'une expression de fierté de type panache excessif.
- Sentiment de ne pas « y arriver », d'insatisfaction profonde, de « manque », de vide intérieur, impression d'être incapable de s'en sortir financièrement, de n'arriver « à rien » dans la vie, etc.
- Comportements du type « échec à répétition » : professionnel ou familial.

Le rouge est associé au feu

Fonctionnement « normal » :

- Symbolise la communication intime, chaleureuse, le magnétisme, la sagesse discriminante, la créativité. Couleur de la joie, de l'expansion, de la fête.
- Symbole de compassion, d'empathie, d'échange, de communication.

Sous stress :
- Fermeture à soi, aux autres.
- Image de la séduction vaine et folâtre. Déprime.

Le *bleu* est associé à l'eau, à la clarté

Fonctionnement « normal » :
- Symbolise la lucidité, la clarté propre à une vision précise, aiguë, vaste.
- Recul, distance vis-à-vis des événements. Sensation de dominer une situation.
- Semblable au miroir, dans cet état le sujet reflète toute chose avec pertinence.

Sous stress :
- Énergie confuse, agressive, tranchante, bornée, voire violente.

Le *vert* est associé au vent

Fonctionnement « normal » :
- Symbolise le dynamisme, l'effervescence, l'action unidirectionnelle car centrée dans le but d'atteindre un objectif précis. Fluide.

Sous stress :
- La fluidité rencontre des obstacles, ce qui provoque une envie de compétitivité exacerbée, violente, agressive, « mécanique », sans « états d'âme ».

Le blanc est associé à l'espace

Fonctionnement « normal » :

- Cette énergie manifeste l'ouverture à toute expérience : c'est comme poser pour la première fois son regard sur le monde et sur ses phénomènes.
- Disponibilité à l'expérience, sans crainte. Grande liberté. Notion d'espace illimité. Couleur du deuil en Asie.
- Ouverture à la transformation.

Sous stress :

- Se ferme sous l'influence du doute et de l'insécurité, de l'angoisse ou de l'ignorance.
- S'exprime alors par de l'indifférence envers toute chose. Repli.
- Difficulté à faire le deuil des événements.

Conclusion :

Tout cela participe à :
- vous positionner de façon plus juste dans votre vie ;
- potentialiser au mieux ce que vous êtes et votre forme ;
- mobiliser vos ressources intérieures pour entretenir votre vitalité.

> « L'individu humain ne serait rien d'autre qu'un point où s'entrecroisent les fils du réseau formé par ses semblables, par le monde des vivants, par l'univers inanimé,

et serait défini par une position particulière dans un système relationnel illimité [...] Et si par hasard la liberté supposait de parcourir toutes les influences, de les recevoir sans réticence et de les traverser pour en emporter avec soi toutes les richesses [...]. »

François ROUSTANG

CONCLUSION

« Nous sommes la somme de nos choix. »
Joseph O'connor

Vous faire du bien, vous maintenir en bonne santé est l'une des dernières vraies aventures personnelles qu'il vous est donné d'entreprendre pour donner du sens et une cohérence à votre existence alors que le monde évolue autour de vous à toute vitesse, sans que vous en compreniez toujours les nouvelles règles.

Pour apprendre à trouver en vous les ressources grâce auxquelles vous pourrez sortir des impasses énergétiques ponctuelles dans lesquelles vous vous trouvez, connaître et travailler conjointement avec votre corps et votre esprit, et avec les cinq éléments est, vous l'avez compris, fondamental. C'est ensemble en effet qu'ils vous permettent de prendre en compte les interactions permanentes, physiques et psychiques, de nature énergétique, qui se jouent pour vous, aux plans individuel, familial, social, géographique, universel… ici et maintenant, et de faire vôtres ces principes laïques et universels transmis par le bouddhisme :

- Tout ce qui existe est impermanent et en mouvement constant ;
- La seule réalité sur laquelle vous pouvez agir est celle du moment présent ;
- Rien n'a d'existence en soi mais dépend d'une infinité de causes et de conditions ;
- Toute action engendre des conséquences du fait de la loi de cause à effet ;
- Tout ce qui existe est interagissant avec le reste du monde ;
- Vous pouvez choisir en conscience et librement la position d'autonomie et d'interdépendance à laquelle vous souhaitez adhérer ;

Aussi, pour vous donner les moyens d'avancer, de changer, harmonieusement :

- Appuyez-vous sur la sagesse et le bon sens de nos anciens que vous découvrez dans cet ouvrage ;
- Créez un environnement qui vous ressemble ;
- Apprenez à respecter le rythme des saisons pour vous nourrir ;
- Apprivoisez votre esprit, habituez-le à prendre en compte que vous existez en interdépendance avec les autres et l'Univers et que vous êtes la résultante d'une série de causes et de conditions dont, le plus souvent, vous ignorez tout ;

- Et expérimentez cela en vous concentrant sur le moment présent car, encore une fois, ce n'est qu'ainsi que vous pouvez changer et faire de la prévention pour votre santé, dès lors que vous l'aurez décidé.

C'est la grande leçon des maîtres bouddhistes et taoïstes : tout est possible à chaque instant dès lors que nous le voulons réellement. Il n'y a pas de fatalité.

> « Il n'y a rien ni d'objectif, ni de subjectif, La vie et la mort sont mêlées, Le possible peut devenir impossible, L'impossible peut devenir possible. C'est pourquoi le sage ne fait sienne aucune opinion et s'éveille au Dao. Quand l'autre et soi-même ne font qu'un, c'est là, le pivot du Dao. »
>
> ZHUANGZI

L'ALIMENTATION,
MON ALLIÉE SANTÉ PRIVILÉGIÉE

RÈGLES ET PRINCIPES

« Celui qui ne sait pas manger correctement
ne peut pas vivre. »

Sun Simiao

Suivre des règles diététiques pertinentes permet d'anticiper et de normaliser les différents déséquilibres de l'organisme.

L'Occident a découvert relativement tard l'influence de l'alimentation sur la santé. En Asie, cela fait plus de trois mille ans. Pour les médecins asiatiques, la diététique nourrit, soigne, préserve la santé et favorise la longévité. Préventive, elle entretient et nourrit la vie. Curative, elle rétablit la santé, la protège et la fortifie. Elle fait donc partie, au même titre que l'acupuncture, la phytothérapie, les massages, de la médecine chinoise traditionnelle.

Les traités de médecine enseignent que l'une des causes principales des maladies est un régime alimentaire inapproprié. L'aliment ne se contente donc pas de rassasier ou d'apporter du plaisir à ceux qui le dégustent. Il soigne également et est utilisé par exemple pour stimuler les défenses immunitaires, soigner un rhume, rétablir un équilibre énergétique, etc. Le médecin pose un diagnostic qui établit le bilan énergétique du patient – ce que vous allez apprendre à faire dans ce livre – lui prescrit les saveurs, les quantités, la nature des aliments à privilégier ou éviter, et termine sa consultation en lui indiquant les modes de préparation qui conviennent le mieux à son état.

LA DIGESTION

La rate est, avec l'estomac, responsable de votre digestion. Selon la médecine chinoise, sa fonction est de réguler votre faim, de transformer les boissons et aliments en énergie, et d'aider votre estomac à transporter et à digérer ce que vous buvez et ce que vous mangez. Vous devez donc tout faire pour la maintenir en forme et éviter que son énergie ne s'épuise, en lui apportant des aliments déjà cuits. Les aliments crus lui demandent plus d'efforts pour être digérés. Si vous cuisinez des crudités, utilisez des vinaigrettes pour les « réchauffer ».

Avec la respiration, l'alimentation est la source principale de production d'énergie. Si vous voulez en tirer le meilleur parti, mangez à des heures régulières, en mastiquant bien, avec plaisir, en étant assis dans le calme. Cela vous aidera à mieux accueillir ce que vous dégustez.

Règles à suivre

- Prenez un fruit l'après-midi, jamais à la fin d'un repas, cela évite les flatulences.
- Si vous le pouvez, reposez-vous un peu après avoir déjeuné.
- Ne grignotez pas entre les repas si vous avez faim.
- Privilégiez les boissons chaudes en mangeant et de l'eau, à température ambiante, en dehors des repas.
- Variez les couleurs, les saveurs et la forme des aliments. Organisez vos repas autour des céréales et des légumineuses en les agrémentant de légumes de saison.
- Préférez le pain et les céréales complètes ou bio : le riz, le quinoa, le millet, les lentilles, les haricots, les pois.
- Consommez des légumes frais aussi souvent que possible.
- Évitez les glaces et les produits laitiers sucrés qui affaiblissent la rate et provoquent des allergies, des problèmes digestifs, de l'œdème, de la cellulite, des douleurs articulaires, voire une diminution de la mémoire et de la concentration.
- Si vous manquez de calcium, mangez des amandes, du sésame, du chou vert et du persil.
- Préférez le poisson à la viande.
- Ne consommez que de petites quantités de crudités (il est préférable de les faire légèrement cuire).

- Évitez les apports en acides gras saturés que sont les charcuteries ou le beurre cuit.
- Utilisez des huiles riches en oméga 3, 6 ou 9 : huiles d'olive, de colza, de tournesol ou de noix dont l'action est particulièrement bénéfique sur le système nerveux et l'intestin grêle.
- Si vous consommez des protéines animales, faites-le de préférence le midi.
- Si cela vous est possible, dînez tôt, vers 19h30 et terminez par une boisson chaude pour faciliter la digestion.
- La consistance de l'aliment, dur, fibreux, croquant, mou, conditionne votre façon de mastiquer, de déglutir, d'assimiler son énergie. L'équilibre entre les différentes consistances des aliments qui composent un repas est important.
- Enfin, les émotions négatives et le stress ont une influence néfaste sur votre organisme. C'est pour cette raison que vous devez gérer vos sentiments négatifs en pratiquant une activité physique couplée à des exercices de méditation et de relaxation.

Suivez ces conseils pour bien digérer et rester en forme. Et créez, inventez, réappropriez-vous votre alimentation, en faisant vôtre ce dicton populaire : « On doit manger comme un prince le matin, comme un marchand le midi et comme un pauvre le soir. »

LE BOUDDHA ET L'ALIMENTATION POUR UNE VIE HARMONIEUSE

La plupart des Occidentaux pensent que le Bouddha était végétarien. C'est faux.

Le Bouddha, par respect pour ses hôtes, ne refusait jamais un plat de viande. L'histoire dit même que c'est un repas de porc avarié qui précipita sa mort.

Cela dit, des règles ont cependant été édictées par le Bouddha, de son vivant, en matière d'éthique alimentaire. Mais c'était à chaque disciple de décider de les suivre ou pas.

Les recommandations du Bouddha

- Ne pas tuer et ne pas faire tuer d'animal pour sa consommation personnelle.
- Que ceux qui souhaitaient suivre l'idéal ascétique qu'il prônait, moines et laïques, prennent une alimentation végétarienne. Ce type d'alimentation permet en effet de réaliser plus facilement les pratiques physiques et mentales destinées à nettoyer les canaux subtils du corps et de purifier les énergies. Et ne plus se nourrir à partir de midi.
- Appliquer envers soi-même, les autres êtres humains et les animaux, la non-violence, la bienveillance, l'altruisme, la compassion. Ce qui supposait de manger végétarien aussi souvent que possible.
- S'efforcer de maîtriser son corps, son esprit et ses émotions en ne consommant que de petites

quantités (ou très peu) de nourriture au moment des repas.

• Pratiquer le lâcher-prise et le non-attachement aux sens, en acceptant avec gratitude, comme une offrande, toute nourriture proposée, quelle qu'elle soit, par un tiers. À l'époque du Bouddha, et cela est toujours vrai dans les pays d'Asie du Sud-Est, les moines ne se nourrissaient que des dons d'aliments faits par les laïques.

> « Les sacrifices où l'on massacre des animaux, je les désapprouve. Un homme qui maltraite des êtres vivants n'est pas noble. »
>
> Bouddha

La voie du Milieu pour faire des choix judicieux

Pour choisir votre mode alimentaire, souvenez-vous tout d'abord que le Bouddha a enseigné, en toute chose, la voie du Milieu. Qu'est-ce que cela signifie ?

Qu'il a recommandé à ceux qui l'écoutaient ou suivaient ses principes de ne pas suivre aveuglément un dogme, une philosophie ou un maître, y compris lui, mais de toujours prendre le temps d'analyser les données dont ils disposaient, pour se forger leur propre opinion ; et si celles-ci étaient insuffisantes, d'en chercher de nouvelles. En clair, personne ne peut ni ne doit vous imposer une pratique. C'est à vous d'en choisir une, en vous forgeant votre propre opinion, grâce à votre expérience. Ce n'est qu'ainsi que vous pourrez avoir la certitude d'être sur la bonne voie.

Cela dit, suivre cette méthode suppose d'avoir le temps de mener sa propre enquête et d'être capable d'une grande discrimination. Si ce n'est pas votre cas, référez-vous à un ouvrage comme celui-ci pour décider, sans culpabiliser, de ce qui vous est nécessaire ou pas, sur un plan alimentaire, pour vous garder en bonne santé. Tout choix alimentaire, rappelons-le, a un impact sur votre santé et votre psychisme. Aussi, prenez le temps d'étudier cette question.

Pour cela, un maître mot guide les choix faits sur la voie du Milieu : le bon sens. Opter pour cette voie, c'est donc emprunter un chemin juste, équilibré, qui ne s'appuie jamais sur des principes et actions extrêmes.

Si vous suivez cette voie pour préserver votre vitalité, vous irez donc, naturellement, vers des nourritures adaptées à vos besoins, à vos envies, à votre philosophie de vie, aux réalités de l'endroit où vous résidez. Vous accepterez également de ne pas vous fixer des habitudes puisque votre mode alimentaire évoluera en fonction de la saison, de votre état énergétique, de votre âge, des personnes avec qui vous partagerez vos repas.

Devenir végétarien ou non ?

- Faites comme le moine Matthieu Ricard qui recommande d'appliquer la compassion et son corollaire, la non-violence, pour orienter ses choix alimentaires. Dans ce contexte, manger de la viande et du poisson n'est pas un acte altruiste.

- Adoptez le point de vue de la science. Comme nous vous l'avons indiqué dans l'introduction, de plus en plus d'études internationales montrent que consommer trop de produits animaux peut provoquer des maladies cardiovasculaires, certains cancers, etc.

- Agissez pour réserver l'environnement. L'élevage intensif de poulets, de bœufs, de canards, de porcs, d'agneaux… génère des grandes quantités de CO_2, le fameux gaz à effet de serre qui bouleverse de manière désormais irréversible le climat et l'équilibre de la Terre. Le sachant, il serait logique que vous repensiez vos modes alimentaires.

- Ne participez pas à créer toujours plus de souffrance animale à grande échelle : les volailles élevées en batterie subissent des mutilations atroces et vivent des supplices. Leurs becs et leurs ongles sont arrachés pour qu'elles ne se blessent pas. Elles sont tassées dans des espaces si étroits qu'elles peuvent à peine respirer. De plus, les bêtes sont gavées à l'aide de produits chimiques destinés à favoriser l'engraissement et la croissance des animaux : hormones, antibiotiques, granulés emplis de pesticides.

- Songez à désintoxiquer, de temps en temps, votre organisme, en mangeant moins de viande et en jeûnant, très ponctuellement. À ce point de votre lecture, une constatation s'impose : quelle que soit votre motivation, respectez chaque être vivant, faites tout pour vous garder en bonne santé, et participez à préserver l'environnement. Si vous n'êtes pas végétarien, il semble évident malgré tout que votre alimentation évoluera sans aucun doute dans les années à venir. Les recettes que nous vous proposons dans le dernier chapitre vous aideront à opérer ce virage.

À SAVOIR

Cela dit, si vous n'êtes pas encore prêt, du fait de vos goûts et habitudes culturelles, ou que votre santé nécessite que vous mangiez de la viande, ne culpabilisez pas pour autant et souvenez-vous que :

Dans la plupart des pays d'Asie du Sud-Est, la population n'est végétarienne qu'à l'occasion de fêtes bouddhiques spécifiques.

Préserver votre vitalité prime sur toute autre considération. Longtemps le Dalaï-lama fut végétarien. À la suite de problèmes de santé, ses médecins demandèrent à ses cuisiniers qu'une fois par semaine certains plats soient remplacés par des aliments carnés : de la soupe avec des nouilles et des momos, des boulettes de viande enrobées de pâte et bouillies ; et des *sha-paleps*, des pains frits fourrés à la viande. Ce que le Dalaï-lama accepta pour préserver sa santé.

> « J'ai très tôt renoncé à la viande et un jour viendra où les hommes tels que moi proscriront le meurtre des animaux comme ils proscrivent aujourd'hui le meurtre de leurs semblables. »
>
> Léonard DE VINCI

Végétarien ou végétalien ?

Le végétarisme est prescrit dans de nombreuses religions telles que le jaïnisme et dans certaines castes en Inde où il est interdit aux hindous de consommer des produits obtenus au prix de la souffrance animale. Et le végétarisme est recommandé dans d'autres traditions : le bouddhisme et le taoïsme par exemple.

Par ailleurs, à toutes les époques, religieux, ascètes et mystiques ont suivi des régimes non carnés afin de méditer et prier dans le but de transcender leur esprit. Le végétarisme, justifié par des raisons d'ordre éthique, religieux et écologique connaît un nouvel essor dans les pays industrialisés. C'est une pratique alimentaire qui exclut toute utilisation de poisson et de viande mais non celle de dérivés animaux comme les produits laitiers et les œufs. Une personne qui n'absorbe aucun produit animal n'est pas végétarienne, mais végétalienne.

DÉSINTOXIQUER SON ORGANISME

Mettez de temps en temps votre organisme au repos en mangeant moins, en mastiquant mieux et en jeûnant.

LE JEÛNE

Le jeûne séquentiel : pour nettoyer, régénérer et dynamiser son organisme

Facile à faire, tous les jours ou deux fois par semaine, il consiste à ne pas s'alimenter pendant dix à seize heures. Soit, du dernier repas du soir, vers 21 heures, à l'heure du déjeuner.

Durant ce laps de temps, vous pouvez boire à volonté du thé vert ou des infusions de gingembre. Au réveil du thé anglais mélangé avec un peu de lait. Et le soir avant de vous coucher, des infusions de sauge, de thym, de tilleul ou de verveine (voir leurs propriétés page 124).

Les Asiatiques dînent très tôt, vers 18 heures. Si vous pouvez faire de même une fois par semaine et manger le lendemain vers 13 heures, vous vous découvrirez une plus grande vitalité, vous serez moins fatigué et vous aurez, comme le soulignent certains médecins, moins d'allergies.

Si vous n'avez pas de problème de santé particulier, il n'existe pas de contre-indications au jeûne séquentiel. De plus en plus de personnes le pratiquent dans le monde car ses bienfaits sont indéniables. L'essayer, c'est l'adopter !

Le jeûne à chaque changement de saison

Ce jeûne, recommandé par la médecine asiatique, aide à récupérer beaucoup d'énergie, en trois jours, au moment des changements de saison.

La veille du jeûne, préparez une soupe (été comme hiver) non salée, non pimentée, dans une cocotte-minute avec : 5 poireaux, 5 tomates, 5 branches de cèleri, 5 carottes, 5 pommes de terre, 5 tomates, du persil, du thym, du laurier et de la sauge. Quand les légumes sont cuits, mixez-les. Mettez le tout au réfrigérateur.

Le matin, au réveil, apportez votre petit déjeuner sur un plateau sur lequel vous disposez : un fruit, un jus d'orange, du thé ou de l'eau chaude si vous aimez. Restez allongé aussi longtemps que possible. Lisez. Dormez. Ce moment vous appartient. Il va vous aider à reprendre des forces.

Entre les repas, buvez à volonté une tisane au thym ou au gingembre, non sucrée, que vous préparez dans un thermos la veille ou le matin.

Pour le déjeuner, versez la soupe, préparée la veille, dans un grand bol. Buvez-la très doucement, comme si vous la mastiquiez. Quand vous avez terminé, prenez un yaourt nature, sans sucre, puis buvez une tisane de thym ou de gingembre.

Reposez-vous. Si vous pouvez, faites une petite sieste.

Vers 17 heures, buvez de la tisane de thym ou de gingembre.

Le soir, faites comme à midi. Recommencez ce processus 3 jours de suite.

Profitez de ces 3 jours pour vous reposer, vous occuper de vous. Cela vous donnera un tonus nouveau. En procédant ainsi, vous entraînez votre corps et votre esprit à vivre de manière plus harmonieuse et plus consciente.

Si vous suivez ce régime et que vous vous sentez fatigué, complétez-le avec quelques fruits secs.

Vous faire du bien est très important pour vous maintenir en forme. Aussi, prenez le temps entre chaque saison de vous régénérer en suivant ce régime facile à faire. Cela vous permettra de trouver en vous les ressources grâce auxquelles vous pourrez sortir des impasses énergétiques ponctuelles dans lesquelles vous vous trouvez. Et vous vous sentirez léger, serein, ancré dans votre corps.

LA MASTICATION

Si vous mastiquez longuement vos aliments, vous aidez votre organisme, dès le début de la digestion, à accumuler moins de toxines et à sécréter plus de salive.

LA SALIVE EN MÉDECINE OCCIDENTALE

La mastication est la première étape de la digestion. Elle est essentielle. Votre façon de mastiquer induit en effet les différents mécanismes qui opèrent ensuite dans votre organisme pour transformer les aliments que vous absorbez. Mastiquer participe à la manière dont vous entretenez votre santé et fabriquez votre salive. C'est pourquoi tous les médecins insistent sur l'importance de mastiquer longuement. Conseil pris trop souvent à la légère par les patients : les personnes qui font des régimes pour perdre du poids, mais aussi chacun d'entre nous quand nous sommes pressés. Mastiquer longuement est pourtant une règle à laquelle nous ne devrions jamais déroger. Si vous manquez de temps, il est préférable de moins manger plutôt que vous gaver, vite, pour vous remplir l'estomac.

Utilité de la salive

• Sécrétée à raison de 1 à 2 litres par jour, par les glandes salivaires situées dans la bouche, la salive fait partie du système masticateur au même titre que les dents, les muscles qui permettent l'articulation de la mâchoire, et la langue qui déplace les aliments pour qu'ils soient broyés par les molaires.

- Elle prépare les aliments pour la digestion tout en humidifiant les muqueuses, ce qui facilite la mastication.
- Composée à 99 % d'eau, elle contient une enzyme, l'amylase, qui aide à digérer l'amidon des aliments à condition de ne pas manger chaud. Cette enzyme se dégrade à 37 °C. C'est en prenant en compte cette donnée que certains diététiciens, aux États-Unis, ont lancé ces dernières années une mode alimentaire très suivie par les people : le manger cru.
- Elle participe à la satiété. Plus vous mastiquez, plus vous sécrétez de la salive, plus vite vous êtes rassasié. Quand vous mâchez, votre cerveau libère un neurotransmetteur, l'histamine, impliqué dans la régulation de la satiété. Ce n'est donc pas la quantité absorbée qui intervient ici sur la régulation de l'appétit mais le fait de mâcher longuement.
- Elle agit également en diminuant l'effet acidifiant, par exemple des sucres raffinés. Les gourmands ou « addicts » aux sucreries, culpabilisant parfois un peu, avalent souvent sans mâcher les chocolats, gâteaux, viennoiseries, alors qu'il est nécessaire de mâcher pour mieux digérer et pour éviter les caries. L'émail dentaire est en effet fragilisé par un milieu buccal trop acide.
- Grâce aux éléments qu'elle contient, elle participe à la protection immunitaire de l'organisme

en freinant la croissance des bactéries, des virus ou des champignons. La lactoferrine prive les bactéries du fer nécessaire à leur croissance. Le lysozyme attaque la paroi des bactéries.
• Enfin, elle joue un rôle important dans la perception du goût.

> « Il faut mâcher cent fois une bouchée, même s'il s'agit d'une simple soupe. »
>
> Proverbe de médecine chinoise

La salive en médecine asiatique

Depuis toujours, les Chinois accordent une importance particulière au fait de bien mâcher sa nourriture pour réchauffer l'aliment à la température de l'organisme, le réduire en bouillie afin d'être mieux digéré, et permettre à la salive de déployer toutes ses potentialités.

Selon la médecine chinoise, la qualité de la salive dépend du bon fonctionnement du rein et de la rate. Considérée comme une substance extrêmement précieuse, vitale même pour préserver la santé et la longévité des individus, elle doit être préservée et entretenue de diverses manières :
• En évitant de la cracher sans raison comme cela se pratiquait autrefois, en Chine. Le faire reviendrait, selon les traités classiques, à « jeter de la nourriture ou de l'argent par les fenêtres ».
• En la stimulant grâce à des exercices taoïstes ou de qi gong. L'un d'entre eux enseigne par

exemple à faire tourner la langue dans sa bouche sur la face externe des gencives dans le sens des aiguilles d'une montre, puis dans le sens inverse, avant de l'avaler comme un élixir.

- En la déglutissant, au moins trois cents fois par jour. Ce qui aide à régénérer l'énergie, à lubrifier les articulations et à rendre l'esprit plus serein. Dans ce contexte, il est conseillé également d'avaler sa salive plusieurs fois le matin à jeun afin de remettre harmonieusement en route le système digestif.
- En la préservant des actions et émotions qui lèsent ses fonctions. Avaler trop vite, manger debout ou se mettre en colère pendant un repas entraîne par exemple une pathologie particulière en médecine traditionnelle chinoise : la « rébellion de l'énergie de la fonction foie ».
- Enfin, faire claquer ses dents chaque jour, un petit moment, permet d'équilibrer le yin et le yang, de favoriser la circulation sanguine et le flux des méridiens énergétiques, de fabriquer plus de salive.

NETTOYER LES CANAUX ÉNERGÉTIQUES

Boire de l'eau chaude comme au Tibet et en Asie

Les Tibétains, jeunes et vieux, boivent de l'eau chaude à longueur de journée. Ils la préfèrent au thé, non par souci d'économie, mais pour se soigner et se maintenir en bonne santé. Pour cela, ils la font chauffer, et non bouillir, puis légèrement refroidir.

Comment ça marche ?

- Dans la médecine tibétaine, boire de l'eau chaude entretient « la chaleur digestive » qui favorise la digestion, l'assimilation des aliments, le transit, la satiété.
- Cela participe également à drainer en douceur les reins et le foie ; à éliminer les toxines du corps ; à améliorer la circulation sanguine ; et le soir à se détendre.
- Il est recommandé d'en boire au minimum, le matin à jeun et avant et après chaque repas.
- Si vous suivez ce conseil et faites comme les Tibétains, les Asiatiques, les Indiens et que vous buvez de l'eau chaude (non bouillante), par petites gorgées, vous vous surprendrez très vite à la savourer avec délice et vous constaterez au bout d'une semaine un bien-être indéniable.

Boire de l'eau chaude citronnée

Elle a les mêmes effets que l'eau chaude bue seule. Mais elle a, en plus, la réputation d'être :
- plus diurétique ;
- de donner une bonne haleine ;
- de stimuler le système immunitaire ;
- de rendre la peau plus lumineuse : la vitamine C est un antioxydant.

Il est recommandé cependant de ne pas boire de l'eau chaude citronnée trop souvent. Faites-le une semaine par mois et le reste du temps prenez de l'eau chaude nature.

JE CUISINE AU RYTHME DES SAISONS

« Humblement, l'être humain se doit de se conformer aux rythmes des saisons et de respecter le cycle de la nature qui lui apporte la vie. C'est essentiel pour rester en bonne santé et garder le moral. Comment en effet trouver du sens aux choses si vous êtes fatigués, déprimés, épuisés ? »

Huang di nei jing su wen,
Classique de médecine interne de l'empereur jaune

Cuisiner et s'alimenter en fonction des saisons, c'est vivre en harmonie avec la nature et avec soi-même. En procédant ainsi, vous ne vous contentez pas de suivre des menus et des régimes à la mode dans nos sociétés occidentales, vous vous reliez au rythme naturel de la nature, ce qui est indispensable à votre équilibre organique et psychique puisque cela vous aide à rester en bonne santé en étant enracinés dans le présent.

Ce chapitre dans lequel nous indiquons les relations détaillées entre les organes, les saisons et les aliments vous permettra de composer vos menus en fonction de votre bilan énergétique, des saisons et de la région dans laquelle vous habitez.

> « Les 5 couleurs aveuglent l'œil. Les 5 tons assourdissent l'ouïe. Les 5 saveurs gâtent le palais. La course et la chasse étourdissent. Les biens rares poussent au mal. Aussi le Sage s'occupe-t-il de son ventre et non de son œil. Il préfère l'interne à l'externe. »
>
> *Dao De Jing*

LE CHOIX DES ALIMENTS SELON LE CYCLE DES CINQ ÉLÉMENTS

Les cinq éléments de la médecine chinoise

Selon la médecine traditionnelle chinoise, si l'on veut rester en bonne santé, il convient de suivre l'ordre naturel des choses et de respecter les aliments de la saison, les évolutions physiques et psychiques dues à l'âge, le milieu dans lequel nous nous trouvons, et son patrimoine génétique.

Pour y parvenir, vous pouvez vous appuyer sur le symbolisme, les qualités, les spécificités et le fonctionnement du cycle des cinq éléments dans l'organisme et dans la nature : le bois, le feu, la terre, le métal, l'eau (voir explications page 109). En Asie, ce cycle de transformation des énergies est utilisé quotidiennement non seulement par les médecins pour rééquilibrer sur un plan énergétique leurs patients, mais aussi par toute personne souhaitant préserver son bien-être et sa santé, en se servant des énergies et des aliments du moment.

Les cinq éléments et les saisons

Nous l'avons vu précédemment, les cinq éléments résultent des mutations du yin et du yang et composent, dans des proportions variables, tout ce qui existe dans l'Univers.

À chaque élément sont associés un organe et un viscère, une saison, une émotion, un mouvement, une couleur, une saveur, un orient, une planète, un aliment principal (voir tableau des correspondances page 109).

Pour rappel :
- ils sont reliés entre eux en les engendrant ;
- ils interagissent les uns avec les autres, soit positivement, en les engendrant, soit négativement en les régulant ;
- toute modification de l'un entraîne des modifications des autres.

Pour savoir quel élément prédomine sur le moment et vous repérer sur ce cycle, rien de plus facile : commencez par déterminer la saison dans laquelle vous vous trouvez. À chaque saison, son élément.

Les énergies : comment ça fonctionne ?

Tout ce qui se rattache à un élément exprime une même énergie.

Par exemple, à l'élément bois sont associés l'est et le printemps :

- époque de l'année où les énergies commencent à sortir de la Terre et « de l'intérieur » de l'Homme. Le printemps témoigne de la fin de l'hiver, période pendant laquelle la nature est au repos et les êtres humains ont moins tendance à s'activer en plein air.
- La couleur du printemps, le vert, correspond de manière logique à la teinte des jeunes pousses.
- L'organe et le viscère qui y sont rattachés sont le foie et la vésicule biliaire. L'organe des sens qui s'y rapporte, les yeux.

- Et le mouvement qui traduit cet élément exprime l'action, le dynamisme, la croissance.
- Si, au printemps, vous vous sentez fatigué, apathique, cela signifie que, chez vous, le mouvement lié à la saison est perturbé, et qu'il risque de provoquer chez vous de la colère et de l'agressivité. Pour harmoniser vos énergies à celle de la saison, vous devez alors privilégier des aliments qui purgeront votre foie, afin de réguler son fonctionnement.

Cet exemple montre que chaque organe est tributaire des mouvements énergétiques de la saison en cours et que ceux-ci influent sur vos humeurs, vos émotions et vos comportements.

BILAN ÉNERGÉTIQUE

Analysez votre état énergétique

Commencez par faire un bilan de votre état énergétique en utilisant le tableau ci-dessous, et en répondant aux points indiqués.

Analysez ensuite vos réponses en vous référant à la liste des correspondances des cinq éléments décrite ci-après.

	MATIN	MIDI	SOIR
Saison			
Couleur préférée			
État énergétique ressenti			
Sensations physiques			
État émotionnel			
Type d'alimentation			
Relations familiales			
Relations professionnelles			
Besoins identifiés			

Tableau de correspondances des cinq éléments

On applique ce tableau des correspondances par saison, comme suit :

SAISON	PRINTEMPS	ÉTÉ	FIN D'ÉTÉ	AUTOMNE	HIVER
Éléments	Bois	Feu	Terre	Métal	Eau
Organe	Foie	Cœur	Rate / pancréas	Poumons	Reins
Entrailles	Vésicule	Intestin grêle	Estomac	Gros intestin	Vessie
Couleur	Vert	Rouge	Jaune	Blanc	Noir
Mouvements énergétiques	Vent	Chaleur	Humidité	Sécheresse	Froid
Saveur	Acide	Amer	Doux / sucre	Piquant	Salé
Émotion négative	Colère / Agressivité	Affliction / excès joie	Soucis	Chagrin / tristesse	Peur / crainte
Orifices	Œil	Langue	Bouche	Nez	Oreilles
Animal	Poulet	Mouton	Bœuf	Cheval	Porc
Céréale	Blé	Millet rouge	Millet non glutineux	Riz	Haricot
Légume	Mauve	Poireau	Salade	Échalote	Oignon
Fruit	Jujube	Prune	Châtaigne	Abricot	Pêche

Au printemps

Le bois et l'acide nourrissent le foie, qui nourrit les muscles…

Sur un plan alimentaire

Cette saison, comme vous l'indique le cycle des cinq éléments, correspond à la fonction foie donc à des pathologies du foie spécifiques à cette période. C'est un moment privilégié pour reconstituer vos énergies. Pour cela, privilégiez les saveurs acides.

- Au début du printemps, pour accueillir la saison, en relation avec les différentes saveurs que l'on trouve dans la nature à cette période de l'année, consommez de préférence des **légumes primeurs** (asperges, brocolis, carottes), **des graines germées de soja et d'avoine, des poissons gras** (sardines, saumon)… Les légumes verts ou les salades seront **assaisonnés de citron ou de vinaigre**. Mettez aussi beaucoup de fines herbes dans vos plats. N'hésitez pas à utiliser des produits acides comme les yaourts, les laits barattés, de la salade… pour stimuler votre foie et votre cœur.
- Au milieu de la saison, commencez à introduire des mets plus sucrés comme le miel. C'est également la meilleure période pour parsemer les plats de sésame.
- **Des infusions**, en particulier de citronnelle, sont aussi recommandées.

Sur un plan énergétique

- Le printemps est associé symboliquement, dans la nature, au vent. Cette énergie, équilibrée, témoigne du mouvement du yang, vers l'extérieur. En vous, il exprime une plus grande capacité à mener des actions dynamiques, fluides et bien dirigées dans le but d'atteindre un objectif précis.
- Si ce mouvement est déséquilibré : ce qui est le cas si vous êtes trop stressé, trop fatigué, angoissé, face à des obstacles, votre énergie pourra se transformer en désir exacerbé de compétitivité ; en colère ; en agressivité. Vous pourrez également avoir l'impression de perdre pied lors de situations conflictuelles, d'être très fragile, d'avoir besoin d'être aidé. N'acceptant pas cette situation, vous sentant profondément instable et ayant le sentiment d'étouffer, par réaction, vous risquez alors de foncer sans « état d'âme » apparent, et devoir faire face à une somme de problèmes conséquents. Sur le plan de l'apparence et des perceptions, le déséquilibre de cet élément va vous donner une pâleur extrême ; un aspect terne ; la sensation que votre corps est lourd ; l'impression de ne pas bien tenir sur vos pieds ; et le besoin d'être assisté pour faire les choses. Sur le plan des émotions : le foie étant blessé par la colère et l'agressivité, pour les contrecarrer, vous devrez développer empathie, équité et compassion.

En été

Le feu et l'amer nourrissent le cœur, qui va produire le sang et stimuler la rate pour la préparer à bien fonctionner quand son tour arrive, à la fin de l'été.

Sur un plan alimentaire

- En été, les énergies sont très superficielles : le yang est sorti au maximum et le yin commence à se former. Au début de l'été, vous devrez donc consommer d'avantage d'aliments amers comme les endives ; puis vers le milieu de la saison, introduire des mets plus acides ; et en fin de saison, manger légèrement plus salé. Même s'il fait chaud, il faut prendre des aliments chauds aux trois repas pour ne pas léser l'énergie yang du système digestif, et éviter les aliments gras ou difficiles à digérer. Cuisinez les légumes de saison, asperges, artichauts, haricots verts, courgettes, aubergines, haricots verts, et utilisez des plantes aromatiques (basilic, cerfeuil, ciboulette, coriandre, persil) directement ou en sauce d'accompagnement.
- Ne buvez pas trop pendant les repas, évitez les boissons froides, cela bloquerait la digestion.

Sur un plan énergétique

- Si on se réfère au tableau, le feu domine ici. Son fonctionnement normal symbolise la communication intime, chaleureuse, le magnétisme, la sagesse discriminante, la créativité, la compassion, l'empathie, la volonté d'échanger et de communiquer. Il est associé au rouge, couleur de la joie, de l'expansion, de la fête.

- Déséquilibré, sous stress, sur le plan du mouvement, il exprime une fermeture à soi, aux autres ; une incapacité à choisir ; une perte du désir ; et se manifeste par des problèmes de stratégie, de décision, de choix, de perte de sens, de repères. Sur le plan des perceptions, son dysfonctionnement donne une sensation de froid ; une vision diminuée ; une peau desséchée ; le teint sec ; une grande soif. Sur le plan des émotions : le cœur est blessé par des excès de joie « hystérique », excessive, et la crainte. Il convient alors, pour le soigner, de développer l'équanimité afin de se recentrer.

À la fin de l'été

La Terre et les saveurs douces stimulent la rate, qui nourrit les « chairs » et commence à stimuler les poumons.

Sur un plan alimentaire

C'est le moment de favoriser les saveurs douces et sucrées. Elles vont stimuler votre rate et préparer les poumons à faire face aux froids de l'hiver. Le jaune, associé à la Terre, si son mouvement fonctionne normalement exprime votre capacité à s'adapter, à être prolifique, à donner, à tout accommoder, à être juste en tenant compte des circonstances…

Sur un plan énergétique

Sous stress, il y aura perte d'adaptabilité ; des tendances comportementales associées à un sentiment de « pauvreté » intérieure, à une sensation de manque, d'insatisfaction ; et le tout pourra être accompagné, en apparence, d'une expression de fierté excessive. Si vous avez cette énergie qui dysfonctionne, vous pouvez avoir le sentiment de ne pas avancer, d'un vide intérieur, de n'arriver « à rien » dans votre vie ; de ne pas être capable de faire les choses. Ce qui pourra vous conduire à vous terrer dans le moment ; à fuir la réalité pour vivre dans votre monde ; à engranger des échecs à répétition sur un plan professionnel ou familial ; à avoir tendance à amasser des griefs contre vous-même, vos proches, vos collègues, et à émettre un très grand nombre de jugements de valeur. Au niveau des sensations, vous ressentirez une grande fatigue, le sentiment de devenir de plus en plus lourd… Et, sur le plan des émotions, votre rate étant blessée par les soucis en excès, vous devrez apprendre à avoir du recul sur les événements et à lâcher prise pour la tonifier.

L'automne

Le métal, l'âcre et le piquant nourrissent les poumons…

Sur le plan alimentaire

Quand tout va bien, à l'automne, époque d'apparition du yin à l'extérieur et début de l'intériorisation du yang, vous consommerez en priorité des aliments marinés et piquants. Puis, un peu plus tard dans la saison, des aliments amers. L'action du piquant sur le poumon évite les refroidissements et les infections ORL et pulmonaires et stimule les poumons en cas de tristesse passagère. C'est la meilleure période pour faire une cure de ginseng (Ren Sheng), pour consommer des poissons à chair blanche, et pour faire des plats à la vapeur.

Sur un plan énergétique

- Le métal est associé au blanc et à l'espace. Quand cette énergie fonctionne bien, elle exprime votre capacité à vous ouvrir aux expériences de la vie, sans crainte, librement ; et une grande ouverture et disponibilité à la transformation.
- Si cette énergie est déséquilibrée, sous stress, vous douterez beaucoup, vous ne vous sentirez pas en sécurité, vous serez angoissé. Ce qui s'exprimera par de l'indifférence envers toute chose ; un repli sur vous, une difficulté réelle à faire le deuil des événements. Ce qui vous conférera une hyper-émotivité avec possibilité de pleurs faciles et une tendance à vous montrer têtu, aigri, jaloux. Sur le plan des sensations, la perte de l'élément espace amène, rapidement, tristesse, colère, impatience, irritabilité, impossibilité de manifester ses émotions négatives… Et, sur le plan des émotions : les poumons étant blessés par le chagrin et la tristesse, tout exercice permettant de développer de l'enthousiasme sera ici bénéfique.

L'hiver

L'eau et le sel nourrissent le rein, qui nourrit les os et les moelles, et sustente le foie afin de le préparer à la venue du printemps...

Sur un plan alimentaire

Si cette énergie est équilibrée, en hiver, période de l'année où le yin est à son maximum et où toutes les énergies sont repliées vers l'intérieur, et que le yang commence à croître à nouveau, au début de la saison vous devez saler davantage vos aliments. Puis, en fin de saison, réintroduire des aliments amers pour préparer l'organisme à recevoir les énergies du printemps. C'est une période où il est bon de manger des aliments fermentés. Évitez en revanche les produits trop sucrés, préférez-leur des céréales et des fruits séchés.

Sur un plan énergétique

- À l'eau est associée soit le noir, soit le bleu. Quand tout fonctionne bien, c'est le bleu qui domine. Transparente, claire, elle symbolise alors la lucidité, la clarté propre à une vision précise, aiguë, vaste ; le recul et la distance vis-à-vis des événements.
- En cas de déséquilibre, sous stress, la couleur devient noire, et vous éprouverez une réelle impossibilité à vous concentrer, de la confusion, une obstination aveugle et bornée ; et une fixation obsessionnelle sur les choses. Sur le plan des

sensations, vous aurez souvent soif, votre bouche sera sèche, et votre peau deviendra pâle. Sur le plan des émotions : le rein étant blessé par la peur et la crainte, vous devrez développer l'acceptation à ce qui est, afin de retrouver énergie et vigueur.

CUISINEZ SELON LA SAVEUR ET LA NATURE DES ALIMENTS

Pour équilibrer vos énergies quand vous composez vos repas, vous devez connaître les saveurs et la nature des aliments de la saison.

Vous l'avez vu dans le tableau, à chaque élément, à chaque organe et viscère, et fonction, est associée une saveur. Elles sont donc au nombre de cinq. Il convient de les doser de manière équilibrée car si vous mettez trop de l'une d'entre elles dans un plat, sous prétexte de stimuler un organe déficient, cela aura l'effet inverse. C'est là l'une des subtilités liées à l'équilibre du yin et du yang dans un aliment.

Les cinq saveurs

La saveur acide

Elle est astringente, contractante… elle est associée au foie. Elle est utilisée, en excès, volontairement, pour soigner une diarrhée, des transpirations importantes. La nourriture industrielle, souvent très acide, peut provoquer des dysfonctionnements de l'organisme si vous y avez trop souvent recours.

Essayez de cuisiner. Ses aliments ont une fonction de constriction et de régénération des liquides organiques, favorisant une meilleure digestion et redonnant de l'appétit. Aliments concernés : le pain au levain, l'oseille, le poireau, la tomate, l'abricot, l'ananas, le citron, la pêche, la poire, la groseille, le vinaigre, le thé.

La saveur amère

Elle est associée au cœur et au feu. Elle stimule l'estomac, l'intestin grêle, et draine, aide à diminuer les excès de chaleur du corps. Par exemple, c'est une saveur recommandée au moment de la ménopause. Ses aliments apaisent la nervosité et les palpitations, stimulent l'appétit. Aliments concernés : le blé, l'épeautre, l'artichaut, l'asperge, le céleri, l'abricot, la pomme, la figue, le basilic, la cardamome, le curcuma, l'huile de lin, le café, la bière.

La saveur douce

Connectée à la Terre et à la rate, elle nourrit, diminue les tensions et tonifie. C'est d'ailleurs à cause de cette dernière capacité que nous avons trop tendance à en consommer, ce qui produit l'effet inverse et provoque une prise de poids et de grandes fatigues. Aussi, modérez vos apports en sucre. Ses aliments ont une fonction tonifiante, harmonisante, détendante. Ils reconstituent l'énergie vitale et la repartissent dans les différents organes. Ils calment les maladies articulaires liées à l'humidité. Aliments concernés : le maïs, le millet, le quinoa, le riz gluant, les amandes, les haricots, les carottes, le brocoli, les bananes, le raisin, les cerises, le sucre roux, le lait de soja.

La saveur piquante

Elle est liée aux poumons et au gros intestin, extériorise les énergies de la profondeur de l'organisme vers la peau, induisant par exemple de la transpiration en cas de fièvre. En cas de refroidissement, prenez de l'eau tiède bien épicée pour dynamiser vos énergies et les faire circuler. Cela est très souvent suffisant. Attention là aussi de ne pas en prendre en excès, cela aurait l'effet inverse. Ses aliments font circuler l'énergie, les liquides organiques et le sang, ils augmentent l'immunité, restaurent le métabolisme, font transpirer et chassent le froid. On le déconseille en cas de manque d'énergie. Aliments concernés : l'orge, le millet, l'ail, le gingembre, l'oignon, le fenouil, le navet, les abricots secs, le poivre, la coriandre, le thym, le thé au jasmin.

La saveur salée

Elle concerne, elle, les reins et la vessie. Elle assouplit et ramollit les énergies. Si vous buvez par exemple de l'eau salée en cas de constipation, cela favorise le transit. Ses aliments ont une fonction humidifiante, laxative, ils rafraîchissent le sang. Il faut éviter une trop grande consommation en cas d'hypertension artérielle. Aliments concernés : le seigle, l'avoine, le soja, l'asperge, les châtaignes, le sel, la sauce de soja, les boissons gazeuses salées.

L'harmonie des saveurs est fondamentale pour maintenir l'équilibre des énergies dans le corps. L'abus de l'une d'entre elles lèse la fonction correspondante. À l'inverse, son manque induit la malnutrition dans toute une série de fonctions. L'important est donc l'équilibre. Il faut, au cours d'un repas, consommer un peu de toutes ces saveurs.

La nature des aliments

La cuisine traditionnelle chinoise est raffinée et thérapeutique. Elle caractérise les aliments selon leur vitalité, leur nature, leur saveur et leur forme. La vitalité de l'aliment dépend de sa fraîcheur, de sa culture ou de son élevage, du mode de cuisson qui préserve, ou pas, son intégrité. La nature de l'aliment, froide, neutre, tiède, chaude correspond à l'effet physiologique et thermique qu'il produit dans le corps. Tièdes ou chauds, ils augmentent l'activité métabolique et fortifient l'énergie yang. Frais ou froids, ils ralentissent les réactions de l'organisme et soutiennent l'énergie yin. Ainsi, en cas de pathologie « froide », il est préférable de consommer des aliments tièdes ou chauds et inversement.

Les saveurs des principaux aliments

	ACIDE	AMER	DOUX	PIQUANT	SALÉ
Légumes	Tomate	Asperge, laitue, céleri	Aubergine, carotte, champignons, radis, fenouil, haricots verts	Ail, oignon, ciboulette	Algues
Céréales			Blé, avoine, millet, riz...		Avoine, orge
Fruits	Abricot, citron, fraise, cerise, tous les agrumes, prune, raisin		Ananas, banane, châtaigne, noix, pomme, papaye	Kumquat	
Divers	Vinaigre	Alcool, café, fleur d'oranger, thé	Cannelle, huile de sésame et de soja, miel, sucre blanc, tofu...	Aneth, origan, badiane, muscade, poivre noir, gingembre, girofle...	Sel, sauge de soja...

Voici une liste de légumes, de fruits, de condiments classés en fonction de leur spécificité.

De nature douce, neutre et tiède : pour aider à reconstituer la vitalité yang

- Ail, oignon, avoine, brocoli, carotte, épeautre, champignon noir, chou, fève, fenouil, haricot vert, poireau, riz, maïs, pomme de terre, millet ;
- Abricot, cerise, figue, fraise, grenade, litchi, noix, datte, orange, pomme, pêche, poire, prune, pistache, raisin ;
- Aneth, anis étoilé, basilic, cannelle, cardamome, ciboule, coriandre, gingembre, girofle, muscade, persil, sucre roux, vinaigre.

De nature chaude : à ne pas utiliser en excès pour ne pas dérégler la digestion

- Quinoa, soja, asperge, persil ;
- Crevettes ;
- Moutarde, poivre, piment ;
- Café, thé noir, alcool.

De nature fraîche : difficiles à digérer, ils ralentissent la circulation et l'énergie dans les méridiens

- Aubergine, concombre, céleri, épinards, champignons, radis, laitue ;
- Mandarine, citron, rhubarbe, mangue, mûre.

De nature froide

Attention, pris en excès, ils peuvent entraîner un abaissement de l'énergie de la fonction de la rate et avoir une influence sur la digestion. Si on les consomme trop sur le long terme, c'est la fonction rein qui peut aussi être atteinte, entraînant diarrhées, frilosité, douleurs abdominales, œdème.

- Tomate, cresson, oseille ;
- Sel, sauce soja, menthe ;
- Ananas, banane, kiwi, melon, pastèque ;
- Boissons glacées.

Adaptez la nature de l'aliment à ce que vous êtes

À chaque personne correspond une nature des aliments qui lui est personnelle, car chacun a une constitution et des besoins qui lui sont particuliers.

- Si votre constitution est yin, que vous manquez de tonus, de vitalité, êtes frileux, avez tendance à grossir et à tomber facilement malade, favorisez une alimentation tiède ou chaude.
- Si vous êtes plutôt yang, minces, solides et résistants, prenez des aliments de nature fraîche ou froide.

Dans tous les cas, votre alimentation devra comporter surtout des aliments de nature neutre. Et vous adapterez votre alimentation en fonction des saisons : alimentation fraîche ou froide, s'il fait chaud et inversement.

> « Que l'amour soit son épice, votre plat ravira tous les palais. »
>
> Dicton indien

CUISINEZ AVEC LES ÉPICES ET LES HERBES

Venant de l'Orient, les cargaisons d'épices valaient des fortunes il y a quelques siècles. « Cher comme poivre », disait-on au Moyen Âge. Leur magie, leurs mille saveurs en font des ingrédients indispensables, que ce soit pour leurs vertus gustatives ou leurs propriétés thérapeutiques. Leurs goûts sont très différents, leurs indications également. Leur connaissance est indispensable à l'équilibre de la cuisine et de la santé par leurs propriétés préventives et curatives. Le médecin sait trouver dans leurs propriétés un appoint aux remèdes classiques, et le cuisinier un complément indispensable, afin de rendre plus agréables au palais les plats qu'il propose. C'est à tort que nous pensons que « manger épicé » est synonyme de nourriture forte, même si certaines épices sont puissantes. Il s'agit plutôt d'une pratique poétique et intelligente de l'art de cuisiner.

Voici un petit lexique de différentes épices, avec leurs indications culinaires et thérapeutiques :

AJOWAN : épice originaire du sud de l'Inde. Ses graines brunes sont de la même famille que le cumin, à la saveur forte et amère. On l'utilise dans la préparation des légumes ou de certains pains.

AMCHOOR (poudre de mangue) : préparée à partir des mangues vertes pelées, émincées, séchées et pulvérisées. Elle permet d'aciduler les marinades, les soupes, les légumes, les lentilles.

ANETH : employé pour la saveur anisée de ses fines feuilles qui parfument les salades, les lentilles et les plats de poisson. C'est une bonne source végétale en calcium (prévention de l'ostéoporose), il est très digestif car « l'aneth chasse les vents, amoindrit les rondeurs, et d'un ventre replet, dissipe les grosseurs ». Il calme également le hoquet et les ronflements.

ASE FÉTIDE : odeur désagréable qui lui a valu le surnom de « crotte du diable », mais cuite, sa saveur ressemble à celle de l'ail rôti. Elle est utilisée pour cuisiner les légumes et les légumineuses, dont elle favorise la digestion. Elle évite en particulier les ballonnements. C'est également un tonique nerveux. On lui prête des vertus aphrodisiaques et carminatives.

ANIS : cultivé pour ses graines ovales, aromatiques, qui parfument boissons et desserts. On les utilise aussi dans les currys de viande, les plats de légumes ou de lentilles. Il est diurétique, digestif, réduit les ballonnements et l'aérophagie. Expectorant, il stimule l'appétit, calme les migraines et les palpitations.

BADIANE ou **ANIS ÉTOILÉ** : forme d'étoile à huit branches possède un parfum qui évoque l'anis ou la réglisse. Moulue, elle entre dans le mélange des cinq-parfums. Elle est indiquée dans les coliques et les ballonnements, les rhumatismes et les toux sèches.

BASILIC : très aromatique, enrichit les plats sautés pimentés, les currys au lait de coco, les salades. Antispasmodique et stimulant, il est utilisé contre la fatigue nerveuse et les insomnies, les ballonnements et les migraines. De plus, il contient un antioxydant, le bêtacarotène, qui évite la fixation du cholestérol sur la paroi interne des artères et qui prévient l'apparition de cancers. Il est également riche en fer et en vitamine K et protège le système immunitaire.

CANNELLE : a été longtemps, avec le poivre, une des épices les plus recherchées et les plus chères. Celle qui vient du Sri-Lanka est plus appréciée que celle qui vient de Chine. Elle possède une odeur agréable et pénétrante, une saveur aromatique chaude, piquante, légèrement sucrée. Elle ouvre l'appétit, agrémente les currys, le riz, les légumes, les salades de fruit, le thé. Elle est digestive car riche en fibres, antiseptique, astringente, stimulante, tonifiante. Elle renferme, en outre, des substances apparentées à l'insuline et donc bénéfiques dans le traitement du diabète. Elle accélère le rythme cardiaque et calme la toux. Elle est également aphrodisiaque car « des sens énervés, elle ranime la vigueur et de l'amour expirant, elle attise la flamme ».

CARDAMOME : c'est le fruit d'un arbuste. Les gousses de cardamome contiennent des graines très aromatiques utilisées avec le riz, les desserts, le thé. Elle est à la fois stimulante et calme la nervosité, en particulier les palpitations, les extrasystoles. Elle réduit le feu digestif. Elle est astringente et supprime la diarrhée. Elle est diurétique, antidépressive, anti-inflammatoire, analgésique et neutralise l'odeur de l'ail ou la mauvaise haleine lorsqu'on la croque après un repas.

CASSE : les feuilles de casse sont aussi appelées « laurier indien », elles donnent un parfum boisé aux plats de viande et de volaille, mais aussi dans les currys, le riz ou les légumes. Elles aident à traiter les problèmes digestifs, en particulier les coliques et les diarrhées.

CIBOULETTE : à l'odeur fine et pénétrante, elle est utilisée dans les plats sautés, les soupes. Elle contient des vitamines B, C et K, du calcium, du fer, du phosphore et du sodium. Utilisée en petite quantité, elle stimule la digestion et prévient les cancers digestifs.

CINQ-PARFUMS ou **CINQ-ÉPICES** : mêle le poivre de Sichuan, l'anis étoilé, la cannelle, le fenouil et le clou de girofle. C'est un mélange très aromatique, diurétique et digestif.

CITRONNELLE : elle se caractérise par sa merveilleuse odeur citronnée. Elle parfume les soupes et les currys. On peut la faire infuser dans le thé. Elle a des vertus antispasmodiques, toniques et digestives. On l'utilise dans le traitement des flatulences, du stress, de l'anxiété, voire de l'insomnie. Diurétique, elle peut contribuer à la perte de poids en éliminant l'eau et les nutriments non essentiels. Elle améliore la circulation sanguine et serait hypoglycémiante.

CLOU DE GIROFLE : c'est le bouton floral du giroflier, cueilli avant l'épanouissement de la corolle, lorsqu'il prend une teinte rosée. On le met alors à sécher, il se met alors à brunir. C'est l'épice aux mille vertus. Les Chinois lui donnent le nom de « langue d'oiseau ». Il était utilisé par les courtisans pour se parfumer l'haleine avant de se présenter devant l'empereur. Il agrémente les légumes, le riz et parfume les sauces. Il tire ses bienfaits d'un composé aromatique, l'eugénol. Il est antiseptique, antibactérien et protège des affections virales ; il calme la toux, est aphrodisiaque, détend, facilite la digestion car il est antispasmodique, combat les maux d'estomac, les nausées, les ballonnements, calme les douleurs dentaires, purifie l'haleine.

« La fleur prise au matin débarrasse la tête, dessèche les humeurs, excite les amours. Au cerveau qu'elle allège, envoie un prompt secours. »

CORIANDRE : on l'appelle également « persil chinois », donne de la saveur aux légumes et aux sauces. Fraîche, on l'utilise en fin de cuisson, hors du feu. Ses graines apportent aux soupes, aux chutneys, aux currys, une note amère et sucrée. Elle est digestive, antispasmodique, lutte contre les douleurs d'estomac et la constipation, elle est calmante, mais aussi stimulante et euphorisante, elle favorise une meilleure vision. Dans les *Contes des Mille et Une Nuits* sont mentionnées ses propriétés aphrodisiaques.

CUMIN : les graines ont un parfum intense et une saveur un peu amère. Utilisé en poudre dans les légumes, les légumineuses, les yaourts. Grande source de fer, il améliore la circulation et favorise l'énergie. Il est sudorifique, digestif, améliore les fonctions rénales et hépatiques. Il apaise en particulier les coliques et les ballonnements. Il calme les palpitations. En combattant les radicaux libres, il aurait des propriétés anticancer.

CURCUMA : jaune, on l'appelle aussi le « safran indien ». Utilisé comme condiment, il a une saveur douce et musquée. Il enrichit tous les currys, est utilisé avec les légumes, les céréales, les légumineuses. Il contient des curcuminoïdes qui sont des antioxydants très puissants et qui agissent sur la prévention du cancer et des maladies inflammatoires chroniques. Il est diurétique, antistress, purifie le sang, maintient l'efficacité des défenses naturelles, est antiseptique (c'est un remède populaire pour soigner les rhumes), il nettoie la peau et favorise la digestion (dyspepsies, maux d'estomac, nausées). Mélangé avec du miel, il traite la toux et les maux de gorge. Digestif, il purifie le foie. Il favorise l'équilibre général pendant les périodes de préménopause et de ménopause. Il aurait une action dans la prévention de la maladie d'Alzheimer.

CURRY : ses feuilles, lorsqu'elles sont séchées, facilitent la sécrétion des sucs gastriques. Elles sont toniques et aident à traiter le diabète. La poudre, quant à elle, est un mélange de piment, de cumin, de coriandre, de curcuma et d'épices nobles. Selon sa composition, elle peut être très douce ou très forte. Elle stimule l'activité hépatique, réduit les ballonnements et a une action préventive sur la maladie d'Alzheimer.

FENOUIL : ses graines sont utilisées dans les currys. Elles ont une saveur anisée. Très peu calorique, il est riche en vitamines (provitamine A, B9 et C), en minéraux (fer, potassium, calcium) et en fibres. Il stimule la digestion, atténue les maux d'estomac. Les antioxydants qu'il contient préviennent les maladies cardiovasculaires. Il est diurétique, réduit la fièvre et la diarrhée, il combat la stérilité et facilite l'allaitement.

FENUGREC : ses jeunes pousses apportent une note d'amertume aux currys, aux poissons, aux épinards, aux pommes de terre. Ils sont toniques, apéritifs, laxatifs, ils combattent le diabète, la goutte, l'anémie, les douleurs articulaires. Ils sont hépato-protecteurs, ils équilibrent le poids et l'élément air. Ils stimulent la montée de lait chez la jeune accouchée.

GALANGA : aussi appelé « gingembre thaïlandais ». Sa saveur poivrée relève les soupes et les currys.

GARAM MASALA : mélange du nord de l'Inde composé de piment, de girofle, de cannelle, de cardamome, de cumin et de noix de muscade.

GINGEMBRE : piquant et fort, il est utilisé avec les salades, les légumes, les légumineuses et les sauces. Il neutralise l'odeur forte du poisson, aromatise les chutneys, les currys, et entre dans la préparation de certains desserts. Plus tonique que le poivre, il est énergétique et digestif, il est également anti-inflammatoire et anti-cholestérol, il aide au traitement du rhume, de la grippe et des angines (en particulier avec du miel), des nausées et des vomissements. Il soulage des nausées et du mal des transports. Stimulant les papilles gustatives, il stimule l'appétit. On dit qu'il a, en outre, des vertus aphrodisiaques.

METHI MASALA : cette poudre rouge est composée de paprika, de moutarde, de fenugrec, d'ase fétide, de sel et d'huile. Elle augmente le feu digestif, l'énergie, élimine les gaz intestinaux.

MOUTARDE : ses graines chasseraient les mauvais esprits. En Inde, compte tenu du grand nombre de graines sorties d'un même pied, la moutarde est considérée comme un symbole de fécondité. Les graines sont utilisées avec les légumes. Elles éclatent dans l'huile chaude, ce qui les adoucit et leur donne une saveur noisette. Riches en vitamines A, B9, C et K, elles augmentent le feu digestif, sont diurétiques et laxatives. Riches également en antioxydants, elles limiteraient le développement des cancers et freinent les maladies liées au vieillissement.

MACIS et **NOIX MUSCADE** : les fibres qui entourent le noyau du fruit du muscadier sont appelées macis, et c'est sous ce nom qu'elles sont vendues entières ou moulues après leur séchage. Pour mieux apprécier leur parfum, il vaut mieux acheter les noix entières et les râper. Très aromatique, leur saveur âcre et brûlante rehausse les plats de riz, des desserts et certaines boissons. Elles entrent dans la composition du garam masala. Elles sont digestives, calment les nausées, les flatulences et la mauvaise haleine, elles sont également aphrodisiaques.

MENTHE : a une odeur qui éveillerait l'esprit et un goût qui exciterait l'appétit. Elle est utilisée dans les salades de crudités, la préparation de chutney, le riz pulao, les currys. Elle contient du fer, du manganèse et surtout des antioxydants qui luttent contre les radicaux libres et protègent l'organisme des maladies liées au vieillissement et des cancers. Elle retarde aussi l'oxydation du mauvais cholestérol et diminue le risque des maladies cardiovasculaires. Elle est indiquée contre les maux d'estomac et les nausées. Ne dit-on pas que : « L'estomac trouve en elle un secours étonnant lorsqu'il veut réveiller son appétit dormant. » Elle est également antiseptique, diurétique, fortifiante et antalgique.

NIGELLE : elle a des graines qui rehaussent les galettes de pain, le riz pulao, les salades. Elle a des pouvoirs diurétiques, stimulants et carminatifs.

PAVOT : ses graines ont la saveur de la noisette, et agrémentent les pains et certains desserts.

PIMENTS : très piquants, surtout les piments rouges. Leur virulence est due à un alcaloïde concentré dans les graines et les filaments, il est donc préférable de les retirer afin d'atténuer leur piquant. Ils rehaussent le goût des légumes. Ils sont riches en vitamines B6 et C, en cuivre, en fer, en manganèse. Ils sont énergétiques, toniques et digestifs. Ils stimulent les glandes salivaires et le transit intestinal. Ils entraînent la production de substances opioïdes qui procurent une sensation de bien-être.

POIVRE : il se retrouve dans toutes les cuisines. Sa saveur chaude et piquante rehausse la fadeur de certaines sauces, de marinades, de court-bouillon. Il ne faut cependant pas en abuser et « ne confier le sel qu'au sage, l'huile à un prodigue et le poivre qu'à un avare. » Il a des vertus stimulantes et diurétiques. Il a une action digestive sur les graisses et le sucre, car il augmente la sécrétion de suc pancréatique.

SAFRAN : c'est une épice très chère, car il faut en moyenne 100 000 fleurs pour obtenir 5 kg de stigmates frais qui, une fois desséchés, donneront 1 kg de safran sec. Il accompagne le riz, les sauces et les desserts. Avant de l'utiliser, il est préférable de faire tremper ses filaments dans un peu d'eau ou de lait chaud. Il présente des vertus antioxydantes, antispasmodiques ; il tonifie l'estomac, facilite la digestion, fluidifie le sang, fait baisser la pression artérielle, ralentit le rythme cardiaque, agit également dans les états dépressifs, le rhume et les soucis respiratoires.

SÉSAME : ses graines sentent la noisette. Il est utilisé dans les desserts, les chutneys, les pains, les plats végétariens.

THYM : il est utilisé en infusion ou avec les légumineuses. C'est un stimulant, il évite les ballonnements, dégage les voies respiratoires, calme les courbatures dans les états fébriles, la toux et l'asthme, draine les reins, c'est également un tonique du cœur.

WASABI : vert et très piquant, râpé ou sous forme de pâte, se mêle à la sauce soja et accompagne les poissons crus.

> « Une vie saine, une alimentation équili-
> brée et l'usage des plantes maintiennent
> en bonne santé. »
>
> Hildegarde DE BINGEN

CUISINEZ AUSSI AVEC LES PLANTES

On trouve dans la nature un certain nombre de plantes à usage médicinal qu'utilisaient beaucoup nos grands-mères et dont il nous paraît important de rappeler les vertus. L'usage des simples laisse à chaque saison le soin de nous donner ce qu'elle a de meilleur. Il permet de recréer un lien entre la nature et l'individu.

AIL : c'est un antiseptique puissant du système digestif et de l'appareil respiratoire. Il fluidifie le sang, dilate les artères, donc freine l'athérosclérose. Il prévient les cancers digestifs, favorise le déve-loppement de la flore intestinale grâce à l'inuline, un prébiotique qu'il contient. Riche en vitamines A, B, C, E et la présence d'allicine, antibiotique, il a une action préventive sur les rhumes et les infections respiratoires.

BOURRACHE : les feuilles ou les fleurs, qui se consomment à l'état frais sont sudoripares et favorisent le transit intestinal. Elles ont également une action expectorante, anti-inflammatoire et diurétique. Elles ont une action bienfaisante sur le vieillissement de la peau, les cheveux et les ongles. Certains pensent qu'elles auraient des effets aphrodisiaques.

CAMOMILLE : on utilise les feuilles pour leurs propriétés sédatives très douces. Anti-inflammatoires, elle aide à traiter les rhumatismes, mais aussi rhinite, toux, aphtes et maux de gorge. Elle apaise les irritations conjonctivales, les piqures d'insectes. Elle soulage les douleurs d'estomac, les spasmes digestifs, les coliques, la diarrhée. Elle réduirait les risques de cancer grâce à l'apigénine qui entre dans sa composition (en particulier le cancer du sein).

CERFEUIL : il a des propriétés diurétiques et digestives.

ESTRAGON : il est indiqué dans les problèmes gastriques et cardiovasculaires. Il ouvre l'appétit.

MANIGUETTE : on l'appelle également poivre de Guinée, a des vertus stimulantes et aphrodisiaques.

MARJOLAINE : on l'appelle aussi origan et a une saveur très fine. En ajouter dans la cuisine, c'est ajouter des antioxydants dans l'assiette, donc freiner le risque de vieillissement, de maladies cardio-vasculaires ou dégénératives.

MÉLISSE : elle a des effets contre la fatigue, le stress et le surmenage, les problèmes gastriques et intestinaux.

PERSIL : c'est vraiment un aliment santé. Non seulement c'est une plante très aromatique, mais c'est un concentré de vitamines (provitamine A, vitamines B9 et K), de minéraux (calcium, fer, magnésium, potassium) et d'antioxydants. Il est diurétique, dépuratif, digestif et antispasmodique. Il soulage les règles douloureuses.

PISSENLIT : il est diurétique et fait baisser la tension artérielle ; dépuratif car il stimule le foie et la vésicule. Il ouvre l'appétit. On l'utilise en Chine contre les cancers et les hépatites.

RAIFORT : il est antibactérien, fortifiant, anti-cancéreux. Il combat les douleurs articulaires et les rhumatismes. Utilisé de façon régulière, il stabilise la tension artérielle.

ROMARIN : il favorise la digestion, la circulation sanguine, régule les lipides. Diurétique, il prévient les rhumatismes. Il a des propriétés antioxydantes qui luttent contre le vieillissement cellulaire et améliorent la mémoire. Il prévient l'insomnie et lutte contre la fatigue.

SARRIETTE : riche en antioxydants, elle freine les phénomènes de vieillissement. Elle contient de la vitamine B6 et des minéraux (calcium, fer, magnésium, manganèse).

SAUGE : elle aurait le don de préserver la santé et de prolonger la vie. Elle est source de vitamine K et de fer. Digestive, fébrifuge, réduisant la transpiration, anti-inflammatoire, elle stimule les hormones, régule le cycle menstruel et calme les règles douloureuses. Elle diminuerait le taux de triglycérides sanguins et améliorerait les fonctions cognitives et le diabète.

TILLEUL : il est sédatif, calmant, antispasmodique, diurétique, il fait baisser la tension artérielle, calme les démangeaisons, il traite le rhume et élimine les toxines.

VALÉRIANE : elle apaise le système nerveux, l'anxiété, l'insomnie. C'est un bon relaxant musculaire.

VERVEINE : elle soulage les troubles digestifs, les crampes, les rhumatismes, le stress, l'anxiété, elle régule le sommeil. En médecine ayurvédique, on s'en sert comme contraceptif.

J'HARMONISE MON CORPS ET MON ESPRIT AVANT DE CUISINER ET DE MANGER

LES MÉCANISMES DE L'ESPRIT

« Il faut se connaître soi-même : quand cela ne servirait pas à trouver le vrai, cela au moins sert à régler sa vie, et il n'y a rien de plus juste. »

Blaise PASCAL

Savoir faire le bilan de votre état énergétique, mental et physique, en utilisant les cinq mouvements de la médecine asiatique comme nous venons de vous le montrer, ne suffit pas pour transformer vos habitudes de vie et vos énergies de manière durable.

Pour entretenir votre vitalité en toutes circonstances, vous devez également apprendre à connaître les mécanismes de votre esprit comme l'enseigna le Bouddha. C'est très important. Cela vous permettra d'associer votre corps et votre esprit dans votre quête de bien-être. Cette approche holistique de la santé via l'alimentation et le travail sur l'esprit est spécifique.

Quand nous travaillons sur les mécanismes de l'esprit, nous apprenons à le connaître, à le circonscrire, à le canaliser, à l'apprivoiser afin d'orienter de manière constructive les mouvements désordonnés qui le caractérisent habituellement.

Cet apprentissage, s'il est régulier, aide d'une part l'esprit à devenir moins dépendant des circonstances, à se poser dans le présent, à se centrer, à privilégier les émotions et les pensées positives au lieu d'entretenir des idées négatives, et d'autre part à bien s'ancrer dans son corps afin d'en faire son partenaire privilégié. **Ce qui est fondamental quand on souhaite équilibrer son alimentation afin d'agir sur sa santé.**

Vous n'êtes ni vos pensées, ni vos émotions, ni les tendances qui vous poussent soit à ne pas manger soit à vous alimenter n'importe comment pour répondre à un besoin ou à une urgence affective quelconque. Si cela n'était pas le cas, vous ne pourriez pas transformer vos habitudes et pulsions qui vous incitent à aller vers des aliments pas toujours très adaptés à vos besoins.

Votre esprit peut être soit votre allié, soit votre ennemi. Dans le premier cas, il est clair, spacieux, lumineux, unifié, neutre. Dans le second cas, il appréhende les objets des sens – la nourriture ici – en fonction de ses tendances passées. Pour le canaliser, utilisez l'attention, la vigilance à l'instant. Et exercez-vous notamment à **la Pleine Attention** !

« Celui qui, après avoir été négligent, devient vigilant, illumine la terre comme la lune émergeant des nuées. Ne demeure pas dans le passé, ne rêve pas du futur, concentre ton esprit sur le moment présent. »

BOUDDHA

LA PLEINE ATTENTION

Entre deux mouvements et états de l'esprit se trouve la Pleine Attention. La développer permet d'être pleinement incarné dans l'instant. Elle échappe à l'emprise de l'ego, du mental. C'est l'esprit des bouddhas, des maîtres. La Pleine Attention est le pont qui conduit de l'esprit ordinaire à l'esprit Éveillé. Ce réveil intérieur est très proche de ce qui se passe quand nous émergeons d'un rêve. Nous percevons les situations autrement. Nous sommes moins perdus, moins confus, moins angoissés. Nous pouvons alors réaliser la paix du cœur et de l'esprit, et devenir capables d'utiliser les moyens habiles enseignés par les sages : l'attention, la concentration, et le geste, la pensée, la parole juste.

JE DÉVELOPPE LA PLEINE ATTENTION

« J'inspire et je suis conscient de mon corps tout entier. Quand je pratique ainsi, j'utilise la pleine conscience pour envelopper tout mon corps. La respiration, c'est la pleine conscience. »

Thich Nhat HANH

LE SOUFFLE

De la naissance à la mort, tout commence et se termine par le souffle. Le premier cri de l'enfant qui naît ; la fin de l'existence au moment où s'exhale le dernier souffle. La santé, pour être maintenue, demande une bonne circulation des souffles dans le corps, en vous reliant, *via* la respiration, à vos sensations, à vos humeurs. L'exercice suivant nous le rappelle.

Observation

Commencez par être attentif à votre souffle, à son intensité, à sa fréquence. Profond ou superficiel, rapide ou lent, saccadé ou régulier, son rythme dit quelque chose de votre état intérieur dans l'instant ;

- Court et ténu, il exprime par exemple que vous êtes tendu ou stressé ;
- Rapide, que vous êtes agacé, énervé ;
- Lent et ample, que vous êtes détendu.

Aussi, pour devenir plus conscient de ce que vous pensez et ressentez, efforcez-vous de ne faire qu'« un avec votre respiration », d'ancrer votre attention sur sa cadence et de faire surfer votre mental sur le rythme apaisé de votre souffle.

Autrefois, il était courant de danser des slows, des valses, etc., avec un(e) partenaire. L'harmonie, le rythme, la beauté, qui se dégageaient des mouvements étaient impulsés par celui qui dirigeait. Il en est de même ici. Le meneur, c'est le souffle. Le mental est celui qui suit et c'est très important car pendant qu'il est occupé à tenir la mesure imposée, il ne peut ni participer à vous angoisser, ni vous conduire à adopter des comportements alimentaires déviants. Quand vous vous concentrez sur votre souffle, c'est un peu comme si vous donniez symboliquement un os à ronger à votre mental. Celui-ci ne pouvant pas faire deux choses en même temps, si vous affûtez votre vigilance et votre concentration sur le souffle, il oublie d'agiter les pensées et les émotions conflictuelles qui pourraient vous troubler. Le simple fait de vous concentrer sur le souffle, vous apaise, vous aide à retrouver naturellement un équilibre et votre bien-être s'en trouve amélioré. Ce qui est le but recherché ici.

À votre tour d'essayer ?

Exercice

- Respirez par le nez : ressentez votre souffle le pénétrer, le quitter. Essayez de percevoir sa texture, sa chaleur, sa fraîcheur, sa densité. Restez quelques instants sur les sensations que vous éprouvez. Dans les exercices sur la Pleine Attention, vous n'utilisez pas la bouche comme porte d'entrée ou de sortie du souffle, c'est donc ici le début et la fin du trajet du souffle dans le corps. Au début, ce passage peut vous sembler étroit, un peu obstrué si vous êtes enrhumé mais plus vous ferez cet exercice, plus vous percevrez sa vastitude.
- Accompagnez ensuite mentalement et physiquement le souffle jusque dans votre ventre, là où se situe ce que les Asiatiques nomment le *hara*, ce centre vital de l'organisme situé trois doigts sous le nombril. Emmenez-le, en conscience, jusque-là afin de vous ancrer dans le moment présent et éviter la survenue ou l'entretien de pensées négatives ou obsessionnelles.
- Ensuite, suivez-le en faisant le trajet inverse : de votre abdomen jusqu'à vos narines.

- Pour rester concentré sur le souffle, comptez de 1 à 10 à l'inspiration, puis de 1 à 10 à l'expiration et recommencez.
- Pour bien sentir le mouvement, placez l'une de vos mains sur le bas de votre ventre : à l'inspiration, gonflez l'abdomen ; et à l'expiration, contractez-le. Ayez conscience des étirements et des contractions de votre paroi abdominale quand le souffle y pénètre et s'en retire. Ne forcez pas, vous devez rester détendu pendant cet exercice.
- Si vous constatez que votre attention s'égare, ne culpabilisez pas, et félicitez-vous. Le fait que vous vous en soyez rendu compte est un pas important. C'est en quelque sorte comme si vous aviez fait une très petite sortie de route après avoir conduit trop longtemps. Vous redressez le volant, vite, et tout rentre dans l'ordre. Friser l'accident, c'est laisser le mental s'emparer de manière désordonnée et inconsciente de votre esprit, et ne plus être concentré sur ce que vous faites. Pour l'éviter, dès que vous en avez conscience, revenez simplement à votre souffle tout en observant vos pensées, vos émotions, vos sensations, vos tendances alimentaires, se refléter sur l'écran de votre esprit. Elles sont comme des nuages dans un ciel clair. Elles ne font que passer. Elles n'ont aucun pouvoir sur vous. Elles ne sont pas vous, ne vous définissent pas, ne vous déterminent pas. Aussi, prenez-en conscience, constatez le lien étroit qui existe entre votre souffle, vos pensées, et vos percep-

tions ; et finissez-en avec vos automatismes en étant centré sur le souffle.

- Quand vous avez terminé, sentez combien cet exercice vous aide à changer votre regard sur vos énergies, votre manière de vous nourrir, et vous aide, avec bienveillance, à prendre du recul.

> « Notre esprit ressemble à un singe agité emprisonné dans une maison vide. À cause de lui, nous voyons le monde de manière parcellaire. Nous passons d'une perception à l'autre sans prendre le temps de nous questionner, d'analyser les sensations éprouvées. Nous agissons sans anticiper les réactions et conséquences que nos pensées et émotions génèrent. »
>
> Tenzin GYATSO (14e Dalaï-Lama)

LA POSTURE

Vous allez vous exercer maintenant à être pleinement présent à l'instant, en adoptant une posture de concentration spécifique. Cette méthode, très utilisée par certains sportifs, des grands cuisiniers, ou bien encore des personnes ayant des troubles alimentaires ou émotionnels, va vous aider à changer le regard que vous posez sur vous-même.

Vous pourrez reproduire cet exercice dans le quotidien, en travaillant, en mangeant, etc. Si vous avez tendance à somnoler, ouvrez les yeux en concentrant votre regard quelques minutes sur un point central situé au milieu des sourcils, cela vous redynamisera. Dans le cas contraire, si votre esprit est trop agité, fermez-les quelques minutes, et regardez intensément vers le bas jusqu'à ce que vos pensées se calment.

Exercice

- Asseyez-vous dans un endroit tranquille, ni trop chaud ni trop froid.
- Portez des vêtements amples afin d'être le plus à l'aise possible dans votre corps.
- Organisez-vous de manière à ne pas être distrait par des sollicitations extérieures : vos proches, vos smartphones, etc.
- Si vous êtes sur une chaise, asseyez-vous un peu en avant de son dossier et posez vos pieds bien à plat sur le sol.
- Si vous êtes sur un coussin, choisissez-le de manière à pouvoir surélever vos fesses afin que vos genoux reposent sur le sol. Croisez vos jambes dans la position dite du lotus : le pied gauche est posé sur la cuisse droite ; la jambe droite est repliée au-dessus. Si cela vous est difficile, amenez votre pied gauche contre votre périnée et allongez votre jambe droite devant vous.

Positionnez votre corps

Disposez vos mains trois doigts environ sous le nombril.

Tournez vos paumes vers le ciel, la droite dans la gauche, les pouces se touchent à leur extrémité, sans fléchir. Si vous ne pouvez pas maintenir cette position sans être fatigué, posez vos mains en haut des cuisses, en fermant vos poings sur vos pouces qui pressent légèrement la base des annulaires afin d'éviter aux énergies du corps de s'échapper.

Soyez attentif à votre colonne vertébrale : elle doit être droite, sans être raide ou tendue. Pour vous y aider, imaginez qu'un fil tire légèrement sur le sommet de votre crâne.

Relâchez vos bras et vos épaules en les tirant légèrement vers l'arrière comme si vous étiez un oiseau déployant ses ailes. Cela ouvre naturellement votre thorax et votre poitrine.

Passez ensuite au visage

Rentrez légèrement le menton. Cela permet de maintenir votre nuque droite et de relâcher la bouche et la mâchoire. Les dents ne se touchent pas. Les lèvres légèrement entrouvertes dessinent un léger sourire. La langue repose naturellement contre le haut du palais. Le nez est dans le prolongement du nombril.

Les yeux sont mi-clos, le regard est dirigé sur un point virtuel situé environ à un mètre devant vous. Ne vous coupez pas de l'extérieur en fermant les yeux.

> « La véritable façon de manifester de la gratitude n'est pas à travers la pensée, mais à travers notre pratique même. »
>
> Maître DÔGEN

LA GRATITUDE À POSSÉDER UN CORPS

Nous n'apprécions pas assez souvent le fait d'être en vie, ce que nous avons, les rencontres que nous faisons… Dans l'approche que nous vous proposons ici sur l'alimentation et la santé, il est important de remercier l'existence pour ce qu'elle offre et d'éprouver un esprit de gratitude. Cela aide à changer profondément la manière d'appréhender l'existence.

Exercice

- Asseyez-vous ou allongez-vous dans un endroit calme.

- Songez à tous ces mécanismes qui vous main-
tiennent en vie depuis votre naissance : manger,
boire de l'eau, respirer, aimer, créer, apprendre…
Et éprouvez de la gratitude pour ces dons de la
vie que vous recevez en permanence. Pour vous
y aider, visualisez par exemple tous ceux grâce à
qui vous vous alimentez : les paysans, la pluie,
le soleil, les producteurs… Suivez mentalement
le trajet de vos aliments, de la graine au champ,
à la récolte, jusqu'au marché et votre assiette…
- Pensez ensuite à vos proches qui partagent ces
privilèges avec vous ; puis, à ceux qui en sont
privés comme des sans domicile fixe. Imaginez
que des fils invisibles et lumineux vous unissent
à tous les êtres. Visualisez cette trame de la
manière la plus claire précise afin d'actualiser,
dans votre corps et votre cœur, le sentiment
d'appartenance au monde que vous ressentez.
Cela vous aidera à prendre conscience que vous
avez des droits mais aussi des devoirs. Car éprouver un sentiment de lien avec autrui et avec la
nature, ressentir de la gratitude impliquent de
savoir recevoir et donner.
- Pour terminer, quelle que soit votre histoire fami-
liale, remerciez vos ascendants et descendants
de vous avoir permis d'être l'un des maillons de
cette immense chaîne de vie. Vous situer dans
cet ensemble vous aidera à vous positionner
autrement dans votre vie. Ce qui passe par la
posture de votre corps, par la nécessité d'apprivoiser votre mental, par un fort sentiment

d'appartenance à l'univers qui vous porte et par une alimentation équilibrée.
- Astuce pour ne pas oublier d'éprouver de la gratitude et ne pas passer à côté des choses : au moment des repas, saluez intérieurement l'eau, la nourriture… et, aussi souvent que possible, tout ce qui vous est donné au cours d'une journée.

JE FAIS LES COURSES ET JE CUISINE EN PLEINE ATTENTION

> « Il n'y a personne qui soit né sous une mauvaise étoile, il n'y a que des gens qui ne savent pas lire le ciel. Sème un acte, tu récolteras une habitude. Sème une habitude, tu récolteras un caractère. Sème un caractère, tu récolteras une destinée. C'est en parvenant à nos fins par l'effort que nous parviendrons au bonheur caractérisé par la paix et le contentement authentique. »
>
> Tenzin GYATSO (14ᵉ Dalaï-Lama)

RENFORCER SES CINQ SENS

Les cinq sens sont très importants quand on cuisine et quand on mange. Pour les stimuler, vous allez donc agir sur les cinq éléments de votre corps en pressant les points énergétiques situés au niveau de vos mains.

- Frottez vigoureusement vos mains l'une contre l'autre quelques instants en croisant les doigts.
- Puis, en commençant par l'auriculaire gauche, massez chaque doigt à l'aide du pouce et de l'index de la main droite, en partant de sa base jusqu'à l'ongle.
- À ce niveau, pressez longuement la base de l'ongle afin de stimuler les points d'acupuncture qui s'y trouvent.
- Terminez en stimulant le point situé sur la partie en creux du dos de la main, entre le pouce et l'index.
- Quand vous avez terminé avec la main gauche, passez à la droite, en frottant vigoureusement vos mains l'une contre l'autre et en enserrant vos doigts les uns dans les autres.

SOIGNER SES ÉMOTIONS EN CUISINANT

Prenez conscience des tensions, des émotions qui vous traversent quand vous préparez le repas. Regardez-les avec bienveillance. Ce n'est ni bien ni mal. C'est ce qui se passe dans l'instant ni plus, ni moins. Vous allez vous appuyer sur elles pour cuisiner.

Si vous êtes très en colère contre l'un de vos proches et que c'est la saison, choisissez de cuisiner des artichauts ; sinon, prenez un légume ou un fruit qui vous permettra de reproduire le procédé que nous allons décrire maintenant.

Exercice

Disposez une planche à découper devant vous.

Adoptez une posture de samouraï : debout, les pieds bien ancrés dans le sol, les jambes légèrement écartées, le bassin un peu engagé vers l'avant…

Après avoir vérifié que vous êtes seul dans la maison ou l'appartement, prenez l'artichaut par la queue et cognez-le contre la planche, tout en poussant un cri.

Après plusieurs reprises, corps et queue se détachent.

Respirez maintenant profondément en gonflant et en contractant votre abdomen. Cela vous calmera et vous redynamisera.

Si vous sentez toujours des tensions en vous, respirez plus profondément encore et visualisez vos épaules se détendre en pensant que vous videz le sac à dos de problème que vous portez sur le dos.

Tout votre corps se détend. Votre bassin, votre périnée, vos cuisses également. Sentez les sensations qui s'y rapportent.

Terminez en pensant que vous êtes un arbre relié au ciel et à la terre et aux autres. Pour vous y aider, visualisez en détail un arbre que vous aimez particulièrement : son tronc, ses racines, ses feuilles… Dès que vous avez le sentiment que vous pourriez le voir clairement devant vous si vous ouvriez les yeux, imaginez alors que vos pieds sont ses racines, son tronc votre colonne vertébrale, ses branches vos bras, et que vous touchez le ciel avec sa cime, votre tête.

Sentez-le vivre en vous : son souffle, sa sève, ses fruits, ses feuilles… Vous êtes l'arbre. Il est vous. Vous êtes relié à la vie et à tout ce qui existe dans le monde visible et invisible. Vous êtes à votre place, bien enraciné, en paix. Vous en avez conscience et vous souriez légèrement.

Variante

Si vous n'êtes pas en colère mais que vous avez besoin de vous calmer et de vous concentrer pour que des pensées obsessionnelles ne tourbillonnent pas en vous, à la place de l'artichaut, cuisinez un aliment qui demande une grande délicatesse de préparation.

JE MANGE EN PLEINE ATTENTION

Si vous mangez en Pleine Attention, vous ne mangerez plus jamais de manière rapide, mécanique, en parlant ou en regardant la télévision. L'exercice suivant redonne à l'acte de s'alimenter toute sa valeur physique, affective, et symbolique. En procédant ainsi, vous avez conscience des quantités ingérées, vous ressentez plus vite une impression de satiété et vous pourrez limiter les quantités absorbées.

Exercice

- Observez-vous en train de manger, cela vous aidera à goûter pleinement ce que vous avez dans l'assiette et à en finir, si c'est votre cas, avec les grignotages. Souvent, ces derniers expriment une angoisse, de l'ennui… Aussi, faites cet exercice chaque fois que vous pensez avoir faim dans la journée.

- Avant de vous précipiter vers de la nourriture et d'avaler la première bouchée, interrogez-vous :
  - . Est-ce une heure raisonnable pour manger ?
  - . Avez-vous vraiment faim ?
  - . Pouvez-vous attendre encore un peu ?
  - . Avez-vous vraiment envie et besoin de quelque chose ?
  - . N'est-ce pas pour tromper votre ennui ou une angoisse ?
  - . Avez-vous conscience de la valeur affective des aliments que vous mangez ?

En prenant du recul, vous constaterez que la nourriture ne comble en rien vos mouvements compulsifs, puisque vous répétez le même processus depuis des années.

- Au moment des repas, mettez les aliments choisis dans un bol ou une assiette : une seule fois.
- Puis, en mangeant, réfléchissez aux nombreuses conditions qui furent nécessaires pour que cette nourriture arrive jusqu'à vous ; aux efforts des paysans et de tous ceux qui ont participé à édifier cette immense chaîne humaine qui vous permet aujourd'hui de vous alimenter. Prendre conscience que vous dépendez du reste du monde pour un geste aussi simple que celui de vous nourrir vous aidera à apprécier ce qui est dans votre assiette.
- Observez attentivement les mouvements des mains, des lèvres, vos sensations dans votre bouche, le fait de mâcher, votre déglutition… Demandez-vous comment vos sens y participent.

- Chaque expérience sensorielle présente une tonalité affective. Percevez-la.
- Investiguez vos sensations jusqu'à ce que votre repas soit terminé.
- En procédant ainsi, vous vous ancrez dans votre corps et dans vos énergies, et vous vous sentez profondément bien car enracinés et reliés à la nature et au reste du monde.
- Ne vous resservez pas.

EN CUISINE

PRÉPARATIONS DE BASE

« Pureté et impureté sont personnelles, nul ne peut purifier autrui. »

BOUDDHA

Le juste équilibre, voilà la clef de la cuisine, sans oublier la rencontre harmonieuse des saveurs, des odeurs, des couleurs et des formes.

Les préparations de base, dont on se sert quotidiennement, sont faites pour donner un peu plus d'esprit aux plats proposés.

LE GHEE

Ses vertus sont reconnues et appréciées en Inde. Utilisé pur, il permet de nettoyer l'organisme, il ramène alors les déchets dans le système digestif. Il peut aussi se faire chauffer (sachez qu'il ne brûle pas rapidement). Pour le préparer, on procède de la façon suivante :

- Dans une casserole à fond épais, faire fondre à feu très doux 1 kg de beurre.
- Retirez régulièrement les produits lactés qui remontent en surface (lactose, mauvais cholestérol). Lorsque le liquide est limpide, au bout d'une demi-heure environ, c'est prêt.
- Passez-le au chinois ou à travers un filtre à café. Puis, versez dans un bocal, et couvrez-le lorsqu'il est froid.
- Vous pouvez l'aromatiser en ajoutant 2 à 3 clous de girofle avant la fin de la clarification.
- Il est possible ainsi de le conserver pendant un an.

LE VAGHAR

Il va apporter plus de subtilité aux aliments, leur donner de la culture, de l'âme. Il se prépare très rapidement. Faites brunir un mélange d'épices au choix afin qu'elles libèrent leur parfum et leurs propriétés dans le ghee chaud pour les céréales ou dans de l'huile frémissante pour les légumes ou les légumineuses (dal).

LE GARAM MASALA

Garam signifie « chaud » et « fort ». *Masala* veut dire « mélange d'épices ». Ce mélange aromatisé est ajouté en fin de cuisson pour les légumes et les légumineuses. Il est utilisé également pour saupoudrer les salades.

1 c. à c. de graines de pavot,	1 c. à c. de poudre de cannelle,
1 c. à c. d'ase fétide,	1 c. à c. de graines de cardamome verte,
2 c. à c. de graines de poivre noir,	1 c. à c. de clous de girofle,
2 c. à c. de graines de cumin,	1⁄2 c. à c. de graines de fenouil,
2 c. à c. de graines de sésame,	1⁄2 c. à c. de macis,
2 c. à c. de graines de coriandre,	1⁄2 noix muscade,
1 c. à c. de cumin noir (kala jeera),	1⁄2 c. à c. de poudre de gingembre,
	3 feuilles de laurier

Réduisez l'ensemble de ces éléments en poudre dans un moulin à café et gardez-les dans un bocal hermétique, à l'abri de la lumière.

LES CHUTNEYS

Chutney aux herbes

60 g de feuilles de menthe fraîche,	1 chili vert sans ses graines,
120 g de feuilles de coriandre fraîche,	1 c. à s. de cumin en poudre,
1 tomate mûre,	2 c. à s. de pulpe de mangue mûre,
2 gousses d'ail,	Sel

Ébouillantez la tomate pour enlever sa peau.

Hachez et mixez les différents ingrédients avant d'en remplir un bocal en verre hermétique.

Utilisez-le dans les marinades, avec les viandes tandoori et les beignets de légumes. Pour s'en servir, vous pouvez aussi l'utiliser en diluant 2 cuillerées à soupe du mélange dans un yaourt battu.

Chutney à la tomate aigre-doux

1 tête d'ail,
5 cm de racines
de gingembre,
35 cl de vinaigre de vin,
1 boîte de tomates entières,
350 g de cassonade,

1/2 c. à c. de poudre
de chili rouge,
2 c. à s. d'amandes effilées,
2 c. à s. de raisins
de Smyrne,
Sel, poivre

Pelez la tête d'ail, hachez le gingembre. Réduisez au mixeur avec 15 cl de vinaigre.

Dans une cocotte, versez le contenu de la boîte de tomates avec 20 cl de vinaigre, 2 cuillerées à café de sel, 4 tours de moulin de poivre, la cassonade, le chili. Faites bouillir, puis ajoutez le contenu du mixeur. Faites bouillir, puis laissez mijoter une heure et demie, en remuant de temps en temps. Le chutney devient épais et nappe la cuiller. Cinq minutes avant la fin de la cuisson, ajoutez les amandes et les raisins. Laissez tiédir et versez dans un bocal.

Chutney à la coriandre

2 c. à s. de cacahuètes,
2 c. à c. de graines
de cumin,
1 c. à c. de cassonade,
3 bouquets
de coriandre fraîche,

4 tiges de menthe fraîche,
4 gousses d'ail,
2 piments verts,
1 c. à s.
de gingembre frais râpé,
Jus d'un citron

Mixez les différents ingrédients, mélangez bien. Versez dans un bocal et maintenez au frais.

Chutney au tamarin

100 g de tamarin,
200 g de cassonade,
1 c. à c. de cumin
en poudre,

1 c. à c. de coriandre
en poudre,
1/2 c. à c. de sel

Faites bouillir 100 g de tamarin dans 2 verres d'eau. Lorsqu'il est fondu, ajoutez l'ensemble des ingrédients. Mélangez bien et filtrez. Mettez en bocal, puis réservez au frais.

Chutney parsi à la mangue

2 mangues mûres,
1 oignon,
2 c. à s. de ghee,
4 clous de girofle,
2 cm de bâton
de cannelle,

1 chili rouge
sans ses graines,
200 g de cassonade,
2 citrons verts,
4 c. à s. de vinaigre
de vin

Après les avoir pelées, taillez les mangues en tranches fines.

Dans une casserole, faites revenir dans le ghee l'oignon, les clous de girofle, la cannelle coupée en morceaux, le chili coupé en morceaux, ajoutez la cassonade, 20 cl d'eau, 1/2 cuillerée à café de sel. Faites bouillir, puis cuisez jusqu'à obtenir une consistance plus épaisse. Ajoutez les mangues, le vinaigre et le jus des citrons. Faites cuire doucement pendant une grosse demi-heure. Les fruits sont cuits et translucides et le sirop bien épais.

Vous le conservez une semaine au réfrigérateur.

LE TOFU

Le soja, peu calorique, est une légumineuse qui apporte une source importante de protéines, mais pas seulement. Il contient également des minéraux, beaucoup d'acides aminés indispensables, des lipides comme la lécithine qui abaisse le taux de cholestérol sanguin.

Consommé brut ou cuit comme un féculent, il est difficile à digérer. En revanche, transformé en tofu, ses protéines sont bien assimilées.

Le tofu est la partie caillée extraite des protéines de soja. Il n'a pas d'odeur et son goût neutre lui permet de s'adapter à de nombreuses préparations.

Mettez à tremper 300 g de soja dans 4 fois son volume d'eau pendant 12 heures l'été ou pendant 24 heures l'hiver.

Changez l'eau 2 à 3 fois. Égouttez puis rincez.

Pour 1 litre de graines de soja gonflées, ajoutez 1 litre d'eau, puis passez au mixeur jusqu'à obtenir une purée très fine.

Ajoutez 8 dl d'eau puis faites chauffer à feu vif. Dès que l'écume monte, baissez le feu pendant 10 minutes en remuant bien afin qu'il n'attache pas. Versez-le alors dans une passoire garnie d'une étamine. Pressez bien afin d'obtenir le plus possible de liquide.

Versez dans une casserole, chauffez à feu vif en ajoutant 2 cuillerées à café de « nigari » (chlorure de magnésium) dilué dans un demi-verre d'eau et en remuant doucement. Laissez alors reposer, le lait doit cailler. Laissez reposer encore 10 minutes, puis enlevez le gras de l'eau.

Avec précaution, enlevez la partie prise qui surnage et placez-la dans un moule perforé garni d'étamine. Pressez à nouveau 10 minutes et laissez égoutter.

Rafraîchissez à l'eau froide, puis enlevez la mousseline.

Le bloc de tofu ainsi obtenu sera coupé en deux et rincé à l'eau courante pendant 30 minutes.

Dans un récipient, recouvert d'eau, il se gardera 2 jours au réfrigérateur.

LES RECETTES

Avocat à la crème de tofu

4 PERSONNES

4 avocats,
1/2 bloc de tofu,
1 œuf dur,
1/2 citron pressé,
1 c. à c. de moutarde,

2 c. à s. de vin blanc,
1 pincée de sel,
8 c. à c. d'œufs
de saumon

Coupez les avocats en deux et ne prélevez pas tout à fait complètement leur chair. Mélangez-la avec les différents ingrédients cités, puis mixez un peu. Remettez le mélange dans les avocats et réservez au frais.

Avant de servir, disposez 1 cuillerée à café d'œufs de saumon sur chaque portion.

Tofu et crabe en sauce

4 PERSONNES

2 pâtés de tofu,
100 g de crabe
en boîte,

1 petit brocoli,
2 c. à s. d'huile,
2 c. à s. de saké,

1 c. à c. de sucre,	3 g de fécule de pomme
1 cube de bouillon	de terre, sel
de volaille,	

Coupez chaque pâté de tofu en 8 morceaux et mettez-les à tremper dans un peu d'eau chaude pour les faire durcir.

Faites macérer le crabe dans un peu de saké. Faites blanchir le brocoli.

Délayez le cube de bouillon de volaille dans 2 dl d'eau.

Faites revenir le crabe dans 2 cuillerées à soupe d'huile, ajoutez 1 cuillerée à soupe de saké, le sucre, le sel, le bouillon. Portez à ébullition et faites réduire.

Égouttez le tofu et ajoutez-le à la sauce.

Délayez 3 g de fécule de pomme de terre dans 1 cuillerée à soupe d'eau froide et incorporez-le en remuant.

Lorsque la sauce épaissit, arrêtez la cuisson et décorez avec le brocoli.

Soupe de carottes au tofu

4 PERSONNES

10 carottes,	150 g de fromage blanc,
1/2 bloc de tofu,	2 c. à s. de vinaigre de riz,
1/2 litre de lait de soja,	basilic, sel, poivre

Coupez les carottes en tronçons, mettez-les dans une casserole avec le lait et 1/2 litre d'eau. Faites bouillir puis frémir pendant 30 minutes. Les carottes doivent être tendres.

Mélangez le fromage blanc, le vinaigre et le tofu coupé en petits cubes. Réservez.

Mixez les carottes en ajoutant du liquide de cuisson pour obtenir un velouté. Salez, poivrez.

Avant de servir, ajoutez le mélange fromage blanc, tofu, puis parsemez de feuilles de basilic ciselé.

Tofu sauce piquante

4 PERSONNES

2 pâtés de tofu,
100 g de blanc de poulet,
1 dl de bouillon de poule,
1 c. à s. de miso rouge,
1 c. à s. de saké,
1 c. à c. de sucre,
3 c. à s. de sauce soja,
20 g de gingembre,

1 c. à s. d'huile,
1 gousse d'ail,
1 poireau,
1 c. à c. de purée
de piment,
1 c. à c. de fécule
de pomme de terre

Coupez chaque pâté de tofu en cubes et laissez-les tremper dans un peu d'eau bouillante pour les faire durcir.

Préparez une sauce en mélangeant dans 1 dl de bouillon de poule, le sucre, le miso, le saké, la sauce soja.

Dans l'huile bien chaude, faites revenir le poulet taillé en cubes, ajoutez le gingembre émincé, la purée de piment, l'ail haché et le poireau taillé en rondelles.

Ajoutez la sauce et faites bouillir.

Déposez les morceaux de tofu et mélangez délicatement. Délayez dans un peu d'eau 1 cuillerée à café de fécule de pomme de terre et incorporez à l'ensemble.

Tofu à la provençale

4 PERSONNES

1 bloc de tofu,
100 g de thon au naturel,
3 c. à c. de moutarde
à l'ancienne,
1/2 citron (jus),

2 c. à s. de persil haché,
3 c. à s. d'huile d'olive,
1 c. à c. d'herbes
de Provence en poudre

Coupez le bloc de tofu en tranches très fines et laissez-les égoutter.

Émiettez le thon et mélangez-le avec tous les ingrédients proposés.

Alternez les tranches de tofu et de garniture.

Pâté au crabe

4 PERSONNES

1 bloc de tofu,
150 g de crabe en boîte,
100 g de farine de soja,
1/2 verre de vin blanc,
5 échalotes,
1 œuf,

3 champignons de Paris,
3 c. à s. de tahin,
1 pincée de quatre-épices,
de thym,
ciboulette, sel

Passez au mixeur le tofu, l'œuf, les échalotes, les champignons, le vin blanc.

Ajoutez le crabe, la farine de soja, les épices. Mélangez bien, puis laissez reposer 15 minutes.

Prenez les 3/4 du mélange et déposez-les au fond d'une terrine. Ajoutez dessus le 1/4 du mélange restant additionné de la ciboulette.

Couvrir.

Faites cuire pendant une heure à four chaud (thermostat 7/8).

Omelette au tofu

1/2 bloc de tofu,   1 c. à s. de tamarin,
6 œufs,   sel
3 c. à s. de ciboulette,

Coupez un demi-bloc de tofu en petits cubes, pochez-les dans de l'eau salée, puis égouttez-les et laissez-les refroidir.

Battez les œufs avec le sel, la ciboulette, le tamarin. Ajoutez les cubes de tofu.

Faites cuire dans une poêle bien chaude.

Pâtes de tofu sautées

2 blocs de tofu,   50 g de cèpes,
2 petits poireaux,   30 g de pignons de pin,
1 carotte,   sel
1 poivron,

Placez 2 blocs de tofu dans 2 litres d'eau salée bouillante. Égouttez le tofu en l'écrasant pendant 5 heures. Pour cela, placez-le dans un linge et posez des poids dessus. On obtient une pâte très dure que l'on coupe en fines lamelles.

Coupez en rondelles les poireaux, le poivron, la carotte, les cèpes. Faites-les revenir dans une poêle très chaude.

Ajoutez les pâtes de tofu, les pignons de pin, le sel.

Steack de tofu

2 blocs de tofu,
5 c. à s. de tamarin,
1 c. à s. de miso,
1 gousse d'ail,
1 c. à s. de moutarde
à l'ancienne,

2 c. à s. d'huile de sésame,
1 pincée de noix muscade,
1 pincée de paprika,
1 pincée de thym,
sel

Pressez bien les blocs de tofu pour en extraire l'eau, puis coupez-les en morceaux.

Écrasez la gousse d'ail, et mélangez-la au reste des ingrédients. Faites mariner les blocs de tofu dans cette marinade pendant une heure.

Faites cuire doucement à la poêle.

Mousse de tofu aux Saint-Jacques

4 Saint-Jacques,
1/2 bloc de tofu,
1 verre de lait de soja,
1 citron (jus),
10 œufs,
1 pincée de noix
de muscade,

1/2 litre de fumet
de poisson,
1 carotte,
1 bouquet de brocoli,
1 échalote,
2 c. à s. de vin blanc,
2 c. à s. d'arrow-root, sel

Après avoir haché la chair de 4 Saint-Jacques, écrasez-la dans un mortier avec 1/2 bloc de tofu.

Ajoutez un peu de sel, 10 œufs battus, le lait de soja, le jus de citron, la muscade.

Beurrez des ramequins et remplissez-les de la préparation. Faites cuire au bain-marie, thermostat 10, pendant 20 minutes.

Hachez échalote, carotte et brocoli et faites-les cuire pendant 10 minutes dans le fumet de poisson, en ajoutant le vin blanc, l'arrow-root dilué et le sel.

Faites réduire. Dans un plat, posez la mousse sur la sauce.

Tofu sauté

4 PERSONNES

1 bloc de tofu,	100 g de petits pois,
150 g de blanc de poulet,	2 c. à s. de miso,
2 poireaux,	2 c. à s. de vin blanc sec,
1 concombre,	basilic, sel
1 petite courgette,	

Extrayez l'eau d'un bloc de tofu pendant une demi-heure, puis coupez-le en dés.

Coupez en morceaux le poulet, les poireaux, le concombre, la courgette, puis faites-les revenir dans de l'huile chaude avec les petits pois. Ajoutez le reste des ingrédients, laissez cuire doucement et dégustez avec des céréales complètes.

Velouté de riz et lentilles au tofu

4 PERSONNES

100 g de riz basmati,	2 gousses d'ail,
100 g de lentilles,	1 c. à s. d'huile d'olive,
1,5 litre de bouillon	1 bouquet de persil plat,
de volaille,	sel, poivre
8 cubes de tofu,	

Dans une casserole, versez le bouillon, ajoutez les lentilles. Portez à ébullition, puis laissez frémir 10 minutes. Versez le riz et laissez cuire 20 minutes.

Lavez puis séchez le persil avant de le ciseler. Faites bouillir les gousses d'ail dans un peu d'eau pendant 5 minutes, épluchez-les, puis écrasez la pulpe à la fourchette.

Retirez le riz et les lentilles, égouttez-les. Mettez la moitié du persil dans le bouillon et mixez. Après l'obtention d'un velouté, versez le riz, les lentilles et les cubes de tofu, puis laissez sur feu doux.

Faites blondir l'ail dans une poêle avec l'huile d'olive, poivrez et, au dernier moment, ajoutez le reste de persil, mélangez et retirez du feu. Mélangez bien avec le velouté et servez.

Tofu et crevettes sautées aux nouilles chinoises

4 PERSONNES

12 crevettes,	2 gousses d'ail,
120 g de tofu,	4 ciboules,
200 g de nouilles chinoises,	2 c. à c. de gingembre,
150 g de chou chinois,	5 cardamomes,
150 g de brocoli,	3 c. à s. de sauce soja,
1 piment,	3 c. à s. d'huile,
1 échalote,	sel

Retirez les graines du piment et émincez-les avec l'oignon et les ciboules. Écrasez l'ail. Découpez le poulet et le chou chinois en lanières.

Faites cuire les nouilles chinoises pendant 2 minutes à l'eau bouillante salée. Réservez-les.

Dans de l'huile bien chaude, faites revenir l'oignon, l'ail, le piment et le tofu. Lorsqu'ils se mettent à dorer, ajoutez la cardamome, le gingembre, les petits bouquets de brocoli, le chou et les ciboules. Laissez cuire

3 à 4 minutes. Ajoutez les nouilles, les crevettes et la sauce soja. Mélangez bien pendant 2 minutes et servez.

Sauce apéritive au miso

100 g de miso blanc,	1,5 cl de mirin
80 g de sucre,	(vinaigre de riz)
10 cl de saké,	

Faites chauffer à feu doux dans une casserole les différents ingrédients et mélangez bien.

Lorsque la sauce épaissit, éteignez le feu et laissez refroidir.

Dégustez avec des bâtonnets de légumes.

Soupe miso

4 PERSONNES

10 cm d'algue	15 cm de feuille
wakame,	de kombu,
2 petits poireaux,	3 c. à s. de miso,
fanes de navet,	1 de bloc de tofu,
	sel

Faites tremper 10 cm d'algue *wakame* dans un bol d'eau et coupez-la en petits morceaux, puis faites-le cuire avec le kombu pendant 15 minutes.

Faites revenir dans un peu d'huile les poireaux coupés en rondelles et les fanes de navet. Mettez-les à cuire avec le bouillon.

Délayez 3 cuillerées à soupe de miso avec un peu de bouillon, puis versez-les dans la préparation.

Jetez dans la soupe le tofu coupé en petits dés. Faites bouillir et servez.

Dashi ou bouillon japonais

Nettoyez du kombu (algue japonaise) avec un torchon humide.

Faites-le tremper une heure dans une casserole d'eau.

Mettez à chauffer à feu doux puis enlevez l'algue avant ébullition. Dégustez.

Potage aux pommes de terre

4 PERSONNES

2 pommes de terre moyennes,	1/2 c. à c. de graines de cumin,
2 gousses d'ail,	1/2 c. à c. de graines de curcuma,
2 c. à s. de concentré de tomates,	1 pincée de chili rouge,
1 c. à s. de ghee,	6 feuilles de kari,
1 pincée d'ase fétide,	coriandre fraîche

Pelez les pommes de terre et coupez-les en quatre. Faites dorer l'ail écrasé dans le ghee, ajoutez l'ase fétide et le cumin. Ajoutez les pommes de terre, le concentré de tomates, le curcuma, le chili.

Mélangez bien et faites revenir 2 minutes.

Ajoutez 60 cl d'eau et les feuilles de kari. Faites bouillir, salez. Laissez frémir 45 minutes.

Laissez reposer hors du feu 45 minutes, puis écrasez les pommes de terre à la fourchette.

Garnissez de coriandre hachée, puis servez.

Potage pékinois

4 PERSONNES

200 g de blanc
de poulet,
150 g de tofu,
4 champignons noirs secs,
75 g de pousses
de bambou,
piment en poudre,
1 c. à s. de sauce soja,

2 c. à s. de vinaigre
de riz chinois,
1 c. à c. de fécule,
1 œuf,
3⁄4 litre de bouillon,
2 ciboules ciselées,
sel, poivre

Faites tremper les champignons pendant 20 minutes, égouttez-les, émincez-les.

Coupez le tofu en cubes et le poulet en lanières.

Faites bouillir le bouillon et incorporez bambou, champignons, tofu et poulet. Laissez mijoter 10 minutes. Ajoutez la fécule diluée dans 5 dl d'eau, la sauce soja, le piment, le vinaigre. Fouettez l'œuf à la fourchette avant de l'incorporer. Laissez épaissir en remuant doucement. Ajoutez la ciboule avant de servir.

Cocotte de légumes

4 PERSONNES

1 cube de bouillon,
500 g de carottes,
1 botte de navets,
200 g de poireaux,
200 g de brocoli romano,
2 oignons,

20 cl de lait
de coco,
1 c. à c. de curry,
1 tige de citronnelle,
2 c. à s. d'huile d'olive,
coriandre

Mettez un cube de bouillon dans un demi-litre d'eau, faites bouillir, puis laissez frémir.

Émincez carottes, navets, poireaux.

Faites revenir les oignons tranchés en fines lamelles dans l'huile d'olive, puis ajoutez les autres légumes. Faites cuire 10 minutes, puis versez le bouillon. Portez à ébullition, puis laissez cuire doucement pour que les légumes deviennent tendres.

Mélangez une louche de bouillon, le lait de coco, le curry, la tige de citronnelle coupée en deux, le brocoli.

Faites cuire à feu vif 5 minutes, puis ajoutez au reste des légumes.

Retirez la citronnelle et ciselez de la coriandre avant de servir.

Potage froid au yaourt

4 PERSONNES

1 concombre,	25 cl de yaourt,
1 bouquet de menthe fraîche,	12 cl de crème fleurette, sel
1 pincée de garam masala,	

Pelez, épépinez, râpez et pressez le concombre. Hachez la menthe.

Dans 10 cl d'eau, mélangez le concombre et les différents ingrédients. Laissez 2 heures au réfrigérateur.

Servez avec un peu de garam masala.

Soupe de tomates aux épices

4 PERSONNES

1,5 kg de tomates,	1 c. à c. de gingembre râpé,
100 g de tomates séchées,	1 c. à c. de curcuma,
2 oignons,	4 c. à s. d'huile d'olive,
4 gousses d'ail,	sel, poivre
1/2 bouquet de coriandre,	

Pelez et hachez les oignons et l'ail. Enlevez la peau des tomates et concassez-les.

Faites revenir à la poêle dans l'huile d'olive l'oignon, l'ail, le curcuma, le gingembre, pour les faire bien dorer. Ajoutez les tomates et la moitié de la coriandre, le sel, le poivre. Laissez cuire doucement à couvert 25 minutes.

Hachez les tomates séchées, puis mélangez-les dans la soupe.

Parsemez avec le reste de la coriandre au moment de servir.

Crème de fenouil aux amandes

4 PERSONNES

2 gros fenouils,	2 c. à dessert de purée
1/2 litre de lait	d'amandes,
d'amande,	aneth, sel, poivre

Rincez les fenouils et coupez-les en fines lamelles.

Mettez-les dans une casserole avec 40 cl de lait d'amande, salez, portez à ébullition et faites cuire jusqu'à ce que le fenouil soit très tendre.

Incorporez la purée d'amandes, le reste du lait, poivrez, mixez.

Avant de servir, ajoutez du fenouil coupé en petits cubes et un peu d'aneth.

Raïta au concombre et à la pomme

4 PERSONNES

4 yaourts,	1 petit oignon,
1 petit concombre,	quelques feuilles
2 petites tomates,	de coriandre,
1 petit piment vert,	1 c. à dessert de cumin
1 pomme Granny Smith,	en poudre, sel
150 g d'ananas,	

Pelez le concombre et coupez-le en petits dés. Épluchez la tomate, épépinez-la et coupez-la en petits morceaux. Émincez finement le piment et l'oignon. Faites des cubes avec la pomme et l'ananas.

Dans un saladier, versez le contenu des yaourts, un peu de sel, fouettez et incorporez cumin, concombre, tomate, piment, oignon, pomme et ananas. Mélangez et ajoutez de la coriandre ciselée.

Réservez au frais.

Quinoa et lentilles aux herbes

150 g de quinoa,	1/2 bouquet de coriandre,
50 g de lentilles corail,	1/2 bouquet de persil,
4 oignons blancs,	3 c. à s. d'huile d'olive,
1 citron vert,	sel, poivre
1/2 bouquet de ciboulette,	

Faites cuire le quinoa et les lentilles pendant 12 minutes dans deux fois leur volume d'eau salée. Égouttez, réservez.

Émincez les oignons, ciselez les herbes. Mélangez le quinoa avec l'huile et le jus du citron. Râpez l'écorce du citron, ajoutez-le à l'ensemble. Poivrez, servez.

Taboulé épicé aux légumes et aux fruits

4 PERSONNES

200 g de couscous,
1 courgette,
1 petit concombre,
1 poivron jaune,
125 g de tomates
séchées,
1 pomme
Granny Smith,
2 tranches d'ananas,

1 c. à dessert
de gingembre râpé,
1 c. à c. de poudre de curry,
2 c. à s. d'huile d'olive,
1 c. à dessert
de sauce soja,
10 feuilles de menthe
ciselées,
sel, poivre

Mettez le couscous dans un plat et arrosez-le d'un verre d'eau tiède. Ajoutez l'huile, le gingembre, le curry, la sauce soja, le sel, le poivre. Mélangez bien, réservez au frais.

Coupez en petits dés la pomme, le concombre (sans les graines), le poivron, la courgette, l'ananas, les tomates séchées.

Ajoutez à la semoule, mélangez bien, parsemez de menthe ciselée.

Salade marinée

4 PERSONNES

1 concombre,
2 tomates,
1 c. à s. de vinaigre de vin,
1 c. à s. de cassonade,

1/2 c. à c. de sel,
1 pincée de garam masala,
6 feuilles de coriandre

Pelez le concombre en laissant un peu de peau.
Ébouillantez les tomates pour enlever leur peau.
Coupez le concombre et les tomates en fines tranches.

Mélangez bien avec les différentes épices et parsemez de feuilles de coriandre ciselées avant de servir.

Salade d'avocats aux épices

4 PERSONNES

4 avocats,	1 citron vert (jus),
2 piments rouges,	2 c. à s. d'huile d'olive,
2 c. à dessert	coriandre fraîche,
de gingembre frais râpé,	sel, poivre

Taillez les avocats en petits dés, épépinez les piments, puis émincez-les. Arrosez du jus de citron et de l'huile. Salez, poivrez. Mélangez bien avec le gingembre râpé.
Gardez au frais.
Avant de servir, ciselez de la coriandre fraîche.

Légumes croquants, nouilles de soba, tofu

4 PERSONNES

200 g de pois gourmands,	1 c. à s. de graines
1/4 de chou rouge,	de sésame,
1 petite botte de radis,	1 c. à s. de miel,
1/2 barquette de graines	1 c. à s. de cassonade,
de poireau germées,	1 c. à s. de vinaigre de riz,
150 g de tofu,	3 c. à s. de sauce soja,
200 g de nouilles de soba,	2 c. à s. d'huile d'olive,
2 cm de gingembre frais,	poivre

Coupez des cubes de tofu et faites-les revenir à la poêle pour bien les dorer. Déposez-les sur du papier absorbant.
Plongez les pois gourmands dans de l'eau salée bouillante pendant 2 minutes, refroidissez-les à l'eau froide et égouttez-les.

Faites cuire les nouilles de soba pour une cuisson *al dente*, égouttez-les et rincez-les à l'eau froide afin qu'elles ne collent pas, égouttez-les.

Râpez le gingembre et réunissez tous les ingrédients de la sauce dans un saladier, puis ajoutez les radis coupés en fines lamelles, le tofu, les nouilles de soba.

Saupoudrez de graines de sésame passées à la poêle. Décorez avec les pousses de poireau.

Servez.

Gaspacho vert

4 PERSONNES

8 tomates vertes,	2 c. à s. d'huile d'olive,
1 concombre,	1 botte de ciboulette,
1 poivron jaune,	1/2 botte de coriandre,
2 citrons verts,	sel, poivre
1 c. à dessert de sauce soja,	

Pelez les tomates, enlevez les graines du poivron et du concombre, coupez-les en dés.

Mettez l'ensemble dans un mixeur avec le jus de citron, la sauce soja, l'huile et les herbes ciselées. Mixez.

Gardez au frais avant de servir.

Caviar d'aubergine aux épices

4 PERSONNES

4 aubergines,	1 citron (jus et zeste),
2 gousses d'ail,	2 c. à dessert d'huile
25 g de gingembre râpé,	d'olive,
1/2 c. à c. de poudre de cumin,	sel, poivre

Laissez griller les aubergines sur le gril du four en les retournant jusqu'à ce qu'elles soient bien grillées.

Pelez-les et laissez-les refroidir dans une passoire. Écrasez la pulpe à la fourchette, ajoutez 2 gousses d'ail haché et 25 g de gingembre râpé, l'huile d'olive, le cumin, le zeste râpé du citron non traité et son jus.

Salez, poivrez.

Servez frais.

Purée d'aubergines

4 PERSONNES

2 aubergines,	1/2 c. à c. de curcuma,
1 tomate,	1 c. à c. de garam masala,
2 c. à s. de pâte d'oignon,	1/2 chili vert,
1 c. à s. de pâte d'ail,	2 c. à s. de coriandre fraîche,
1 c. à s. de pâte	jus d'1/2 citron vert,
de gingembre,	sel

Pour préparer les aromates, procédez de la même façon pour les différents ingrédients : pelez les oignons, l'ail ou les rhizomes de gingembre que vous couperez en petits dés. Faites-les frire légèrement puis pressez-les bien avant de verser chaque pâte dans un bocal hermétique à conserver au réfrigérateur.

Faites griller les aubergines 25 minutes dans le four, la plaque étant à 7 cm du gril. Tournez-les régulièrement jusqu'à ce qu'elles aient la peau noire, mais pas brûlée. Pelez-les, récupérez la chair et coupez-la grossièrement.

Ébouillantez la tomate pour la peler facilement. Concassez sa pulpe.

Dans une poêle, faites frire 5 minutes les aromates, le curcuma, le chili haché, 1 cuillerée à soupe de coriandre et la pulpe de tomates. Laissez cuire 5 minutes à feu doux.

Ajoutez l'aubergine, faites cuire 10 minutes à feu vif en remuant, ajoutez le sel, le garam masala, le reste de coriandre, le jus de citron.

Servez.

Aubergines au sésame

4 PERSONNES

4 petites aubergines,	1 citron (jus),
3 c. à s. de pâte	feuilles de persil,
de sésame,	sel

Préchauffez le four à 200 °C (thermostat 7).

Lavez les aubergines, essuyez-les, puis disposez-les sur la grille du four en les retournant de temps en temps pendant 1 heure.

Mélangez la pâte de sésame, le jus de citron et un peu d'eau. Battez jusqu'à obtenir une consistance onctueuse. Ajoutez un peu d'eau si nécessaire. Salez.

Allumez le gril du four et continuez la cuisson des aubergines jusqu'à ce que la peau soit légèrement brûlée.

Coupez-les dans le sens de la longueur.

Incisez la pulpe en croisillons et nappez avec la sauce.

Parsemez sur le dessus des feuilles de persil finement ciselées.

Tomates farcies aux légumes et riz au safran

4 PERSONNES

8 tomates jaunes,	2 cubes de bouillon
4 carottes,	de légumes,
1 poivron jaune,	4 pincées de safran,
1 poivron rouge,	huile d'olive,
2 verres de riz basmati,	sel, poivre

Faites bouillir une grande casserole d'eau, y dissoudre le bouillon de légumes et faites cuire le riz une dizaine de minutes. Égouttez-le bien, puis remettez-le dans la casserole avec le safran. Mélangez et gardez à couvert.

Préchauffez le four à 200 °C (th.6).

Détaillez en dés les carottes et les poivrons, puis blanchissez-les à l'eau bouillante pendant 5 minutes.

Enlevez la tête des tomates, videz-les délicatement, puis renverser-les sur du papier absorbant.

Mélangez le riz, les légumes, salez, poivrez, ajoutez un peu d'huile d'olive.

Garnissez les tomates de ce mélange, replacez la tête des tomates, puis mettez au four 20 minutes.

Potiron aux épinards en gratin

4 PERSONNES

800 g de potiron,	2 c. à s. de graines de lin,
100 g de pousses	40 g de chapelure,
d'épinards,	huile d'olive,
2 œufs,	sel, poivre

Chauffez le four à 210 °C (thermostat 7). Coupez le potiron en lamelles et placez-les au four sur une plaque huilée pendant 30 minutes en les retournant.

Rincez et ciselez les pousses d'épinard.

Mixez potiron, œufs et chapelure. Salez, poivrez, puis ajoutez les pousses d'épinard.

Huilez un plat à four, étalez la préparation, parsemez de chapelure et de graines de lin, arrosez d'un peu d'huile d'olive et laissez cuire une demi-heure ; dorez le gratin.

Velouté de potiron, nouilles de riz

4 PERSONNES

800 g de pulpe de potiron,	1 c.à c. de thym,
1/4 de litre de lait de soja,	1 c. à c. de noix muscade
1 clou de girofle,	râpée,
2 cosses de cardamome,	100 g de nouilles de riz,
1 gousse d'ail,	sel, poivre

Coupez le potiron en cubes.

Faites bouillir la gousse d'ail dans un peu d'eau pendant 5 minutes, épluchez-la, puis écrasez-la à la fourchette.

Dans une casserole, versez le lait, ajoutez le potiron en cubes, l'ail, le clou de girofle, le thym, salez, mélangez et faites cuire à feu doux 30 minutes. Retirez le clou de girofle et les cosses de cardamome. Mixez puis ajoutez les nouilles de riz et laissez bouillir 6 minutes.

Assaisonnez de poivre et de muscade avant de servir.

Lentilles jaunes à la tomate

4 PERSONNES

150 g de lentilles concassées (toor dal),
3 c. à c. de ghee,
1/2 c. à c. de curcuma en poudre,
2 tomates,
4 gousses d'ail,
1 c. à c. de poivre en grains,
1 c. à c. de graines de cumin,

1 bouquet de coriandre fraîche,
8 feuilles de kari,
1 pincée d'ase fétide,
1 pincée de graines de moutarde,
1 petit piment rouge sans ses graines, émietté,
sel

Pendant une heure, faites frémir dans 1 litre d'eau 150 g de lentilles concassées (toor dal), 1/2 cuillerée à café de curcuma et 1 cuillerée à café de ghee.

Ébouillantez 2 tomates, enlevez leur peau, coupez-les en petits morceaux, puis versez-les dans les lentilles. Laissez cuire encore 10 minutes.

Passez le tout au tamis fin et réservez.

Faites frire 3 gousses d'ail haché dans un peu de ghee, ajoutez 1 cuillerée à café de poivre noir moulu et 1 cuillerée à café de graines de cumin. Versez le tout dans le bouillon de lentilles.

Extrayez la pulpe d'un tamarin, versez-la dans un peu d'eau chaude, mélangez bien et salez.

Ajoutez au bouillon le tamarin, 1 bouquet de coriandre fraîche ciselée, 8 feuilles de kari et faites frémir.

Chauffez 3 cuillerées à café de ghee, faites-y revenir une pincée de graines de moutarde, 1 pincée d'ase fétide, 1 gousse d'ail écrasé et un petit piment rouge, sans ses graines et émietté. Incorporez au bouillon et garnissez de feuilles de coriandre fraîche.

Lentilles corail aux épices

4 PERSONNES

200 g de lentilles corail,
2 tomates,
1 oignon,
1 c. à c. de curcuma,
1 c. à c. de cumin moulu,

150 ml de lait de coco,
1 branche de thym,
1 c. à s. d'huile d'olive,
sel, poivre

Faites réduire dans l'huile bien chaude l'oignon émincé ; lorsqu'il est bien blond, faites revenir avec le cumin, le curcuma, ainsi que les tomates épluchées coupées en petits dés. Ajoutez les lentilles, le sel, le thym, mélangez bien, recouvrez d'eau. Portez à ébullition, puis faites mijoter une vingtaine de minutes. Vérifiez la cuisson, poivrez et versez le lait de coco. Mélangez bien.

Servez.

Lentilles au safran (dal)

4 PERSONNES

150 g de lentilles,
1 c. à c. de curcuma,
3 c. à s. de crème fleurette,
1 pincée de safran,
1 oignon,
1 c. à c. de graines

de cumin noir,
1 c. à c. de poudre
de chili rouge,
3 c. à s. de ghee,
sel

Faites bouillir 150 g de lentilles dans 1,5 litre d'eau.

Écumez puis ajoutez 3/4 de cuillerée à café de poudre de curcuma.

Couvrez et faites cuire pendant 1 heure pour obtenir une consistance de soupe épaisse. Salez, puis retirez hors du feu.

Dans une casserole, faites chauffer 3 cuillerées à soupe de crème fleurette. Dès le frémissement, retirez du feu et ajoutez une pincée de filaments de safran puis réservez.

Pelez, puis hachez un gros oignon avant de le faire revenir à feu moyen avec 1 cuillerée à café de cumin noir dans 3 cuillerées à soupe de ghee. Lorsque le mélange est coloré, ajoutez 1 cuillerée à café de poudre de chili rouge et 1/4 de cuillerée à café de curcuma.

Mélangez avec les lentilles et faites cuire 2 minutes à feu doux.

Ajoutez le mélange crème safran avant de servir.

Un riz blanc peut accompagner ce plat.

Fenouil et lentilles corail au lait de coco

4 PERSONNES

2 bulbes de fenouil,	2 gousses
100 g de lentilles corail,	de cardamome écrasées,
3 cm de gingembre frais,	40 cl de lait de coco,
2 échalotes,	2 c. à s. d'huile d'olive,
1 gousse d'ail,	jus d'1⁄2 citron vert,
1 petit piment,	10 feuilles de coriandre
1 c. à c. de graines	ciselées
de fenouil,	

Enlevez la base et la première enveloppe des fenouils, puis taillez-les en petits dés.

Ôtez les graines du piment, puis hachez-le. Râpez le gingembre, émincez les échalotes, pressez l'ail.

Faites chauffer l'huile, ajoutez le gingembre, la cardamome, l'ail, les échalotes, les graines de fenouil, le piment. Après 3 minutes à feu moyen, ajoutez les dés de fenouil, les lentilles, le lait de coco. Ajoutez

30 cl d'eau, portez à ébullition, puis laissez cuire à feu doux 15 minutes.

Avant de servir, versez le jus de citron et parsemez de feuilles de coriandre.

Lentilles en beignets

40 BEIGNETS

300 g de lentilles blanches,
500 g de fromage
blanc 0 %,
2 c. à s. de cumin grillé,

2 c. à c. de sucre,
1 c. à c. de sel,
feuilles de coriandre

Faites cuire 300 g de lentilles blanches (*urad dal*) pendant 5 heures dans deux fois leur volume d'eau, rincez.

Mixez, le mélange doit rester grumeleux. Salez.

Laissez reposer à température ambiante.

Faites bien chauffer de l'huile de friture, puis laissez tomber dedans 1 cuillerée à café de pâte. Laissez-la bien blondir avant de la mettre quelques instants dans de l'eau froide. Séchez-la bien et aplatissez-la un peu.

Dans un plat, mélangez 500 g de fromage blanc 0 %, 2 cuillerées à soupe de cumin grillé, 2 cuillerées à café de sucre, 1 cuillerée à café de sel.

Nappez les beignets de sauce au yaourt avant de les présenter, et ciselez sur le dessus quelques feuilles de coriandre.

Lentilles et riz aux herbes

4 PERSONNES

150 g de lentilles,
150 g de riz thaï,
1 cube de bouillon
de légumes,

3 c. à s. d'huile d'olive,
persil, coriandre, menthe,
estragon, sel, poivre

Faites bouillir un demi-litre d'eau avec le cube de bouillon.

Dans une sauteuse, faites revenir deux échalotes ciselées dans l'huile, puis, lorsqu'elles commencent à blondir, ajoutez les lentilles et le riz, en remuant pendant 5 minutes.

Versez le bouillon, couvrez et laissez cuire tout doucement pendant environ une demi-heure. Vérifiez la cuisson de temps en temps.

Hors du feu, ajoutez un peu d'huile d'olive, salez, poivrez et incorporez les herbes ciselées.

Lentilles aux épices et au lait de coco

4 PERSONNES

150 g de lentilles,
1 tomate,
20 cl de lait de coco,
1 pincée de curcuma,
1 c. à c. de cumin,
3 échalotes,
2 chilis verts
sans les grains,

3 c. à s. de ghee,
1/2 c. à c. de graines
de moutarde,
8 feuilles de kari,
3 gousses d'ail,
feuilles de coriandre
fraîches

Faites bouillir dans une cocotte 150 g de lentilles et une pincée de curcuma dans 70 cl d'eau, puis laissez frémir pendant 45 minutes à couvert.

Ajoutez une échalote hachée et une cuillerée à café de cumin. Remuez, couvrez et laissez cuire encore 15 minutes. Ajoutez deux chilis verts hachés sans les graines.

Après 15 nouvelles minutes, le mélange est tendre, épais comme une soupe.

Dans une casserole, faites frire dans 3 cuillerées à soupe de ghee, 1/2 cuillerée à café de graines de moutarde, puis 8 feuilles de kari, 3 gousses d'ail émincé, 2 échalotes hachées, une tomate mûre pelée.

Après 5 minutes, mélangez aux lentilles, ajoutez 20 cl de lait de coco.

Au moment de servir, garnissez avec des feuilles de coriandre fraîche ciselées.

Soupe de lentilles, tomate, fenouil et lait de coco

4 PERSONNES

100 g de lentilles,	3 gousses de cardamome,
2 tomates vertes,	3 clous de girofle,
20 cl de lait de coco,	1 anis étoilé,
2 bulbes de fenouil,	1/2 citron vert,
2 échalotes,	coriandre ciselée,
1 gousse d'ail,	2 c. à s. d'huile d'olive
1 c. à c. de gingembre râpé,	

Détaillez le fenouil en petits dés, émincez l'ail et les échalotes.

Dans une poêle, faites chauffer l'huile, puis ajoutez les échalotes, l'ail, le gingembre, la cardamome écrasée, l'anis étoilé. Mélangez bien, puis ajoutez les tomates coupées en dés sans leur peau, les dés de fenouil, les lentilles, le lait de coco et 30 cl d'eau. Faites bouillir, puis laissez frémir 20 minutes.

Avant de servir, retirez l'anis étoilé, versez le jus de citron et parsemez de coriandre ciselée.

Soupe de betteraves, citron confit

4 PERSONNES

600 g de betteraves,
1 oignon,
1 gousse d'ail,
20 g de gingembre frais,
1/2 citron confit,

1 c. à c. de citronnelle
en poudre,
huile d'olive, persil plat,
sel, poivre

Pelez les betteraves et coupez-les en morceaux.

Épluchez l'oignon, l'ail et émincez-les.

Pelez et râpez le gingembre.

Faites chauffer de l'huile d'olive dans une sauteuse, versez le gingembre râpé, puis l'oignon. Faites dorer 5 minutes. Ajoutez les morceaux de betterave, mélangez et recouvrez d'eau. Salez, couvrez et laissez cuire à feu doux pendant 40 minutes.

Enlevez la pulpe du citron confit et coupez l'écorce en petits dés. Ébouillantez-les, égouttez-les et arrosez-les d'une cuillerée à soupe d'huile d'olive.

Mixez les betteraves, parsemez-les de citron confit et d'un peu de persil plat ciselé.

Bouillon de nouilles chinoises aux épices et aux herbes

4 PERSONNES

400 g de nouilles chinoises,
2 oignons nouveaux,
50 g de sucre,
2 litres de bouillon
de légumes,
3 carottes,
200 g de pousses
de soja,
30 g de poudre
de gingembre,
2 badianes (anis étoilé),
1 bâton de cannelle,

1 c. à s. de graines
de coriandre,
3 gousses
de cardamome,
4 clous de girofle,
1 botte de coriandre,
1 botte de menthe,
1 botte de basilic,
2 citrons verts,
1 piment rouge
sans les pépins

Faites chauffer le bouillon avec les épices et le sucre.

Faites cuire les nouilles 2 minutes dans de l'eau bouillante, égouttez-les et rincez-les.

Ciselez les herbes et les oignons, pelez les carottes et râpez-les. Rincez les pousses de soja. Hachez le piment.

Répartissez les nouilles dans les assiettes, versez le bouillon filtré très chaud, puis les légumes. Ajoutez les herbes.

Servez avec du citron vert, de la sauce soja et du nuoc-mâm.

Crevettes à la citronnelle

4 PERSONNES

16 crevettes,
1 tomate,
10 champignons de Paris,
1 oignon,

1 petit piment rouge,
1 citron vert,
25 cl de bouillon
de légumes,

3 c. à s. de sauce soja,	de gingembre râpé,
3 tiges de citronnelle	quelques feuilles
fraîche,	de coriandre,
1 c. à dessert	sel, poivre

Pelez la tomate, enlevez ses pépins, détaillez-la en petits dés. Émincez les champignons, le piment, après l'avoir épépiné et l'oignon.

Décortiquez les crevettes.

Dans une casserole, faites chauffer 25 cl d'eau, le bouillon de légumes, les tiges de citronnelle émincées, la sauce soja, le gingembre. Laissez mijoter 10 minutes et filtrez.

Faites chauffer à nouveau le bouillon, ajoutez l'oignon et les champignons. Après 5 minutes, ajoutez les crevettes, la tomate, le piment, le jus de citron et attendez 5 autres minutes avant d'assaisonner.

Parsemez de coriandre avant de servir.

Carottes au cumin

4 PERSONNES

4 carottes	2 c. à s. de cumin
moyennes,	en graines,
4 c. à s. de ghee,	sel, poivre

Épluchez les carottes, puis coupez-les en tronçons de 5 cm. Faites-les bouillir dans une grande quantité d'eau jusqu'à ce qu'elles soient tendres.

Égouttez, séchez bien.

Dans une casserole, mélangez-les dans 4 cuillerées à soupe de ghee, ajoutez les graines de cumin, le sel, le poivre. Faites-les revenir à feu doux pendant 15 minutes, servez.

Curry de mangues

2 mangues fermes,	1 c. à c. de poudre
100 g de noix de coco	de curcuma,
râpée sèche,	1 c. à c. de graines
3 piments rouges séchés,	de moutarde,
2 c. à s. de raisins secs,	4 clous de girofle,
1 c. à s. de sucre roux,	2 c. à c. de ghee, sel

Faites tremper la noix de coco pendant 1 heure dans 20 cl d'eau.

Pelez les mangues et coupez-les en dés. Hachez le piment après l'avoir débarrassé de ses graines.

Chauffez le ghee et faites revenir le piment et les graines de moutarde, ajoutez la noix de coco et le curcuma. Mélangez bien et ajoutez la mangue, les raisins secs, le sucre, les clous de girofle et le sel.

Mouillez avec 50 cl d'eau, mélangez doucement et faites mijoter un petit quart d'heure.

Brocolis en velouté, gambas

4 PERSONNES

700 g de brocolis,	16 gambas,
40 cl de lait de coco,	coriandre,
4 c. à s. de ghee,	sel, poivre

Détaillez 8 sommités de brocolis et plongez-les 10 minutes dans de l'eau bouillante salée. Refroidissez-les dans de l'eau avec des glaçons afin qu'ils restent bien verts.

Cuisez le reste des brocolis dans le lait de coco et le ghee pendant 15 minutes. Poivrez, salez.

Versez le velouté dans des assiettes creuses, disposez 2 sommités de brocolis dans chaque assiette,

4 gambas cuites décortiquées et parsemez de coriandre fraîche ciselée.

Tartare de dorade aux pommes

4 PERSONNES

200 g de filet de dorade sans arêtes ni peau,	6 cl d'huile d'olive,
4 pommes de variétés différentes,	5 cl de vinaigre balsamique blanc,
1 citron vert,	coriandre,
1 échalote,	sel, poivre

Coupez les filets de dorade en petits dés.

Lavez les pommes et coupez-les en petits dés sans les éplucher.

Préparez la vinaigrette avec l'échalote finement émincée, l'huile, le vinaigre, le sel, le poivre. Versez-la sur la dorade et les pommes.

Installez 4 assiettes, répartissez dans chacune le poisson, parsemez de dés de pommes. Râpez dessus un peu de zeste de citron vert, parsemez de feuilles de coriandre, salez, poivrez, servez.

Tartare aux deux poissons

4 PERSONNES

150 g de saumon sans peau ni arêtes,	1 morceau de 10 cm de gingembre râpé,
150 g d'espadon,	1 piment oiseau,
20 cl de lait de coco,	2 oignons blancs,
2 gousses de cardamome écrasées,	2 citrons verts non traités, sel, poivre

Coupez les poissons en lamelles, râpez dessus le zeste d'un citron vert et versez le jus du second citron.

Ajoutez le gingembre et la cardamome, mélangez bien.

Enlevez les graines du piment, découpez-le en fines lamelles, ainsi que les oignons.

Ajoutez-les au poisson, avec le lait de coco, le sel, le poivre. Mélangez bien. Réservez au froid.

Enlevez la cardamome avant de servir.

Salade de betterave et poire

4 PERSONNES

1 betterave rouge,	1 c. à s. d'huile d'olive,
1 betterave jaune,	1 c. à dessert de vinaigre
1 poire Doyenne Comice,	balsamique blanc,
1 c. à c. de citronnelle	jus de citron,
en poudre,	sel, poivre

Épluchez les betteraves et coupez-les en fines lamelles. Faites-les cuire dans une sauteuse avec de l'eau citronnée.

Égouttez-les bien, essuyez-les et posez-les sur un plat en alternant les couleurs. Ajoutez de fins copeaux de poire. Assaisonnez avec les ingrédients décrits ci-dessus.

Arrosez d'un peu de jus de citron avant de servir.

Salade de pamplemousse à la menthe et au gingembre

4 PERSONNES

2 pamplemousses,	1 gousse de vanille,
1 c. à dessert	50 g de cassonade,
de gingembre frais râpé,	8 feuilles de menthe

Dans 10 cl d'eau, mettez la cassonade, la gousse de vanille fendue et grattée, le gingembre, les feuilles de menthe. Laissez bouillir 3 minutes et infusez 1 heure.

Pelez les pamplemousses et détachez délicatement les quartiers. Disposez-les dans un plat de service et arrosez avec le sirop filtré.

Gelée de crabe et d'avocats

4 PERSONNES

1 tomate,
2 avocats,
120 g de chair
de crabe,
1 c. à dessert
de gingembre
râpé,

jus d'1/4 de citron vert,
graines germées
(poireaux, épinards),
50 cl de jus de tomate,
1 c. à c. de sauce soja,
1 feuille de gélatine,
sel, poivre

Mixez la chair des avocats, le sel, le poivre et le jus de citron.

Répartissez dans des coupes et mettez au frais.

Mélangez le jus de tomate, le gingembre, la gélatine et faites bouillir 2 minutes. Hors du feu, ajoutez la sauce soja, laissez refroidir, puis déposez sur l'avocat.

Sur le dessus, émiettez le crabe, la tomate coupée en petits morceaux, puis les graines germées.

Gardez au frais, dégustez.

Salade de légumes et crevettes

4 PERSONNES

80 g de pousses de soja,	30 cl de lait de coco,
150 g de pousses	1 c. à dessert
de roquette,	de gingembre râpé,
12 crevettes,	2 bâtons de citronnelle,
1 pomme verte,	2 c. à s. de vinaigre
2 petites carottes,	de riz,
1 oignon,	1 bouquet de coriandre,
1/2 citron vert,	sel, poivre

Épluchez la pomme, puis taillez-la en bâtonnets. Arrosez-la du jus de citron.

Râpez les carottes, émincez l'oignon.

Mélangez l'ensemble avec les crevettes.

Émincez finement la citronnelle en l'ayant débarrassée de son écorce. Mettez-la dans le lait de coco avec le gingembre et quelques feuilles de coriandre. Laissez frémir 10 minutes puis refroidissez.

Mélangez alors à la salade, salez, poivrez et parsemez généreusement de coriandre avant de servir.

Salade de quinoa à l'orange et à la menthe

4 PERSONNES

300 g de quinoa,	6 c. à s. d'huile d'olive,
2 oranges,	2 c. à s. de vinaigre
2 c. à s. de cassonade,	de riz,
20 feuilles de menthe	1 c. à s. de sauce soja
ciselées,	

Rincez à plusieurs reprises le quinoa à l'eau froide. Dans une casserole, faites-le bouillir dans 2 fois son volume d'eau, puis laissez cuire doucement 10 minutes. Égouttez-le et laissez-le refroidir.

Prélevez les zestes des oranges, coupez-les en fines lanières, faites-les confire doucement dans 10 cl d'eau avec la cassonade.

Épluchez les oranges à vif, en séparant la chair des quartiers.

Mélangez dans un saladier : le quinoa, l'huile, le vinaigre, la sauce soja, 3 cuillerées à soupe du sirop à l'orange, les quartiers d'orange, les zestes et la menthe ciselée.

Fond d'artichaut, gambas, mangue

4 PERSONNES

8 fonds d'artichaut,	4 c. à s. d'huile d'olive,
20 gambas,	2 c. à s. de vinaigre
1 mangue mûre,	à la mangue,
32 tomates cerises	coriandre ciselée,
rouges et jaunes,	sel, poivre

Faites blanchir les fonds d'artichaut dans une casserole d'eau bouillante. Égouttez-les bien.

Épluchez la mangue et coupez la pulpe en petits dés.

Coupez les tomates cerises en deux.

Faites mariner les gambas dans la vinaigrette.

Dans chaque assiette, disposez au centre les cœurs d'artichaut, parsemez autour les cubes de mangue, puis sur le pourtour les demi-tomates cerises en alternant les couleurs. Disposez les gambas et arrosez l'ensemble de la vinaigrette.

Décorez de coriandre ciselée.

Rouget panné

4 PERSONNES

12 filets de rouget sans arêtes,	panko (chapelure japonaise), marjolaine fraîche,
2 œufs,	sel, poivre

Badigeonnez au blanc d'œuf la peau des filets de rouget.

Mélangez le panko avec de la marjolaine fraîche hachée. Passez les filets dans ce mélange, puis faites-les cuire deux minutes dans une poêle antiadhésive à feu très vif. Salez, poivrez, servez.

Accompagnez ce plat de salade aux pousses d'épinards et d'un peu de riz thaï.

Haddock et pe-tsaï au lait de coco

4 PERSONNES

1/2 chou chinois (pe-tsaï),	1 bâton de citronnelle
2 filets de haddock,	coupé en petits morceaux,
1 boîte de lait de coco,	1 c. à s. de curcuma,
1 gousse d'ail,	1 poignée de germes
1 c. à dessert de gingembre râpé,	de soja

Faites bouillir la gousse d'ail dans un peu d'eau pendant 5 minutes, épluchez-la et écrasez-la à la fourchette.

Dans une casserole, faites bouillir les différentes épices et l'ail dans le lait de coco. Remuez bien. Laissez refroidir.

Plongez dedans les filets de haddock pendant 1 heure.

Faites blanchir le chou coupé en 4 et les germes de soja puis les faire cuire doucement à la sauteuse pour qu'ils restent fermes.

Faites bouillir le haddock, puis laissez un feu frémissant pendant 5 minutes.

Poivrez avant de servir.

Soupe de champignons à la citronnelle

4 PERSONNES

250 g de champignons
de Paris,
50 cl de lait de coco épais,
5 c. à s. de jus de citron,
3 c. à s. de sauce
de poisson,
4 c. à s. de citronnelle
fraîche,

20 feuilles
de coriandre fraîche,
1 c. à dessert
de gingembre râpé,
2 feuilles de combava
(lime de Cafre
ou citron indien),
sel

Chauffez le lait de coco avec 30 cl d'eau, faites bouillir. Ajoutez les champignons émincés, puis tous les ingrédients sauf la coriandre.

Laissez mijoter et ajoutez des feuilles de coriandre avant de servir.

Légumes de bouddha

4 PERSONNES

400 g de brocoli chinois,
1 chou chinois pe-tsaï,
2 carottes,
50 g de pousses
de bambou émincées,
50 g d'épis
de maïs nain,

15 g de champignons noirs,
15 g de champignons
parfumés,
100 g de vermicelles de soja,
2 échalotes,
3 gousses d'ail,
1 c. à s. d'huile de sésame

Faites tremper les champignons 20 minutes dans de l'eau tiède, égouttez-les, émincez-les.

Faites tremper les vermicelles de soja pendant 20 minutes, égouttez-les et coupez-les en morceaux de 10 cm.

Coupez les carottes en bâtonnets, hachez les choux et plongez-les 2 minutes dans de l'eau bouillante, rincez-les à l'eau froide et égouttez-les.

Dans une sauteuse, faites chauffer l'huile de sésame et faites blondir l'ail et les échalotes hachées. Ajoutez les légumes et les vermicelles.

Mouillez avec un peu d'eau, laissez cuire 10 minutes, salez, poivrez, dégustez.

Soupe au cabillaud

4 PERSONNES

400 g de cabillaud,
1 pâté de tofu,
1 poireau,
60 g d'épinards,
1 gousse d'ail,
2 cubes de bouillon
de poisson,

1 c. à c. de sauce
soja,
1 pincée de poudre
de piment rouge,
sel, poivre

Coupez le cabillaud en morceaux de 4 cm.
Coupez le tofu en 12 parts.
Émincez le poireau et lavez les épinards.
Dans une casserole, faites bouillir les cubes de bouillon de poisson dans 1 litre d'eau. Ajoutez 1 cuillerée à café d'ail haché. Ajoutez le poisson et les cubes de tofu.

À ébullition, écumez, mettez le poireau, la sauce soja, le piment rouge, les épinards. Laissez cuire 3 minutes.
Salez, poivrez, servez.

Soupe de crevettes à la citronnelle et au galanga

16 grosses crevettes,	12 feuilles
4 petits piments rouges,	de coriandre,
4 lamelles de galanga,	3 c. à s. de jus de citron,
2 tiges de citronnelle,	2 c. à s. de sauce
3 feuilles de lime de Cafre,	de poisson,
1 tige de ciboule,	1 litre d'eau

Décortiquez, rincez et égouttez les crevettes.

Émincez la citronnelle et les feuilles de lime, mettez-les dans l'eau avec les feuilles de galanga et 3 piments. Faites bouillir.

Ajoutez les crevettes et faites frémir 3 minutes.

Assaisonnez avec la sauce poisson et le jus de citron.

Ciselez coriandre, ciboulette et 1 piment et répartissez sur la soupe.

Soupe de poulet au lait de coco

4 PERSONNES

2 blancs de poulet,	5 graines de cardamome,
1 boîte de lait de coco,	4 clous de girofle,
1 c. à s. de citronnelle,	1 anis étoilé,
1 c. à s. de gingembre	1 piment rouge égrené,
en poudre,	coriandre fraîche

Dans une casserole, versez le lait de coco et ajoutez toutes les épices. Faites chauffer en remuant bien. Avant l'ébullition, retirez du feu et laissez refroidir.

Découpez les blancs de poulet en lamelles. Mettez-les dans la sauce, remuez et attendez 1 heure.

Faites chauffer doucement le plat, salez.

Sur le plat de service, parsemez de feuilles de coriandre ciselées.

Bún cha au poulet grillé

4 PERSONNES

2 gros blancs de poulet,	7 c. à s. de nuoc-mâm,
300 g de vermicelles de riz,	6 c. à s. de vinaigre de riz,
1/2 papaye verte,	1 c. à c. de vinaigre blanc,
1 échalote,	coriandre, menthe, basilic,
1 gousse d'ail,	persil
3 c. à s. de cassonade,	

Coupez le poulet en morceaux. Ajoutez l'échalote hachée et versez le mélange d'une cuillerée à soupe de nuoc-mâm, d'une cuillerée à café de cassonade. Salez, poivrez.

Laissez mariner au frais pendant 2 heures.

Dans un bol, mélangez 6 cuillerées à soupe de nuoc-mâm, le vinaigre de riz, la cassonade, la gousse d'ail haché, 12 cuillerées à soupe d'eau. Ajoutez la papaye verte émincée.

Faites bouillir 1,5 litre d'eau, ajoutez le vinaigre blanc et les vermicelles. Laissez cuire 4 minutes en remuant et rincez pour éviter qu'ils ne collent.

Faites griller le poulet dans une poêle.

Dans un plat de service, versez la sauce sur la viande, ajoutez les vermicelles et le mélange d'herbes ciselées.

Salade piquante à la mangue

4 PERSONNES

1 mangue,
1 échalote,
1 c. à c. de graines
de moutarde,
1 chili vert sans les graines,
1 chili rouge sans les graines,

25 cl de yaourt,
1 c. à c. de cassonade,
1/2 c. à c. de poivre
noir moulu,
sel

Taillez la chair d'une belle mangue en dés. Mélangez-les avec une échalote émincée. Battez dans un bol le yaourt, ajoutez les graines de moutarde pulvérisées au moulin, le chili vert haché, le poivre, la cassonade.

Faites frire dans une poêle des graines de moutarde, un chili rouge haché et une échalote hachée. Mélangez avec le reste de la salade et servez.

Salade aux germes de soja

4 PERSONNES

100 g de soja germé,
1 petite salade,
3 tomates,
2 carottes,
1 petit piment,
1 citron vert,

1 c. à c. de gingembre
frais râpé,
1 c. à s. de sauce soja,
coriandre fraîche,
sel, poivre

Coupez la salade en fines lanières. Ébouillantez les tomates pour enlever leur peau, coupez-les en petits morceaux. Râpez les carottes, ajoutez les germes de soja et mélangez.

Ôtez les graines du piment et coupez-le finement.

Mélangez l'ensemble avec le jus du citron, le gingembre et la sauce soja.

Ciselez quelques feuilles de coriandre fraîche avant de servir.

Salade de chou blanc

4 PERSONNES

1/2 chou blanc,	1 c. à dessert
1 c. à s. de poudre	de cassonade,
de coriandre,	1 grenade,
2 oranges,	sel

Râpez un demi-chou blanc, puis ajoutez la poudre de coriandre, le jus des 2 oranges, la cassonade, salez, poivrez.

Mélangez bien et, avant de servir, parsemez le plat des graines rouges d'une grenade.

Salade de carottes

4 PERSONNES

4 carottes,	1 c. à dessert
1 orange,	de gingembre frais râpé,
1 petit piment vert,	50 g de raisins secs
1 petit piment rouge,	

Râpez finement les carottes, arrosez-les du jus d'une orange.

Enlevez les graines des piments et découpez-les très finement.

Mélangez-les avec les carottes, ajoutez le gingembre et les raisins. Salez. Servez frais.

Salade thaï

4 PERSONNES

200 g de chou vert,
100 g de chou blanc,
300 g de carottes,
2 fruits de la passion,
50 g d'oignon rouge,
10 g de menthe,
10 g de coriandre,
10 g de graines
de sésame,

3 cm de gingembre
frais râpé,
3 c. à s. de sauce soja,
2 c. à s. de nuoc-mâm,
jus d'1/2 citron vert,
2 c. à c. d'huile de sésame,
1 c. à c. de miel,
2 c. à s. d'huile d'olive,
sel, poivre

Mélangez dans un bol le gingembre, la sauce soja, le nuoc-mâm, le jus de citron, l'huile de sésame, le miel, la pulpe des fruits de la passion.

Émincez les choux et l'oignon ; mélangez-les avec les carottes, la menthe et la coriandre ciselées.

Versez l'assaisonnement, salez, poivrez, mélangez bien.

Avant de servir, parsemez des graines de sésame dorées une minute à la poêle.

Salade papaye-crevettes à la citronnelle et aux épices

4 PERSONNES

1 papaye mûre,
16 grosses crevettes
roses,
1 c. à c. de citronnelle
en poudre,
1 c. à c. de gingembre
en poudre,
1 pincée
de quatre-épices,

1 c. à c. de graines
de moutarde,
1 c. à s. de pistaches
concassées,
2 c. à s. d'huile de sésame,
jus d'un citron,
quelques feuilles
de coriandre ciselées,
sel, poivre

Pelez la papaye et coupez-la en fines lamelles.

Mélangez dans un saladier la citronnelle, les quatre-épices, le gingembre, les graines de moutarde et les pistaches, le jus de citron et l'huile.

Ajoutez les crevettes décortiquées, puis, délicatement, la papaye.

Garnissez des feuilles de coriandre ciselées.

Taboulé de quinoa et boulgour aux tomates séchées

4 PERSONNES

100 g de quinoa,	4 c. à s. d'huile d'olive,
100 g de boulgour,	1⁄2 botte de persil,
6 tomates séchées,	jus d'un citron,
50 g d'amandes effilées,	sel, poivre
8 cardamomes écrasées,	

Faites cuire les céréales 10 minutes dans de l'eau bouillante, égouttez-les bien et laissez-les refroidir. Ajoutez les tomates coupées en petits dés, les cardamomes, les amandes et le persil ciselé, le jus de citron et l'huile. Salez et poivrez. Mélangez bien. Servez frais.

Pommes de terre et pommes au saumon

4 PERSONNES

8 pommes de terre rattes,	wasabi,
1 pomme Granny Smith,	200 g de saumon,
10 cl de crème fraîche,	sel, poivre

Faites cuire les rattes à la vapeur, épluchez-les, coupez-les en rondelles. Émincez très finement la pomme fruit.

Coupez le saumon en cubes.

Mélangez la crème fraîche avec une noisette de wasabi, incorporez les deux pommes, puis le saumon.

Salez, poivrez et laissez un moment au réfrigérateur avant de servir.

Betterave, pommes de terre, haddock

4 PERSONNES

600 g de pommes de terre,	ciboulette,
2 c. à s. de farine,	jus de citron,
25 g de ghee,	4 c. à s. d'huile,
2 œufs,	2 c. à c. de noix
1 betterave,	de muscade râpée,
1 filet de haddock,	sel, poivre

Mettez les pommes de terre dans une casserole d'eau froide, portez à ébullition et laissez cuire jusqu'à ce qu'elles soient tendres.

Coupez la betterave à la mandoline, arrosez-la d'huile d'olive, de jus de citron, de sel et de poivre.

Coupez le filet de haddock en fines tranches.

Égouttez les pommes de terre, pelez-les, écrasez-les. Ajoutez la farine, le ghee, le sel, le poivre, la muscade, les jaunes d'œufs. Battez les blancs en neige et incorporez-les.

Chauffez une poêle huilée, versez le mélange ci-dessus par cuillerées à soupe et laissez cuire les galettes une minute de chaque côté.

Servez-les tièdes, garnies de betterave, de haddock, arrosées d'huile, de citron et de ciboulette.

Des saumons en salade

100 g de saumon fumé,
100 g de saumon frais,
2 pomelos,
12 radis roses,
2 œufs,
200 g de fromage blanc,

2 c. à c. de moutarde,
1 c. à dessert
de gingembre râpé,
1 c. à s. de jus de citron,
sel, poivre,
coriandre

Faites durcir les œufs, puis écrasez les jaunes à la fourchette et mélangez-les avec la moutarde, le gingembre et le jus de citron.

Incorporez le fromage blanc battu et les radis coupés finement.

Pelez les pomelos à vif, séparez les quartiers et enlevez les membranes.

Coupez les saumons en cubes, mélangez bien l'ensemble.

Réservez un moment au frais et, avant de servir, ciselez un peu de coriandre sur le dessus.

Salade de pommes de terre et navets

500 g de pommes
de terre nouvelles,
500 g de navets nouveaux,
2 oignons nouveaux,
1 petit piment rouge,

1 petit piment vert,
30 g de gingembre,
2 citrons verts,
1 dl de nuoc-mâm,
sel, poivre

Épluchez pommes de terre et navets, placez-les dans une casserole d'eau froide salée, puis portez à ébullition. Laissez cuire au moins 20 minutes en vérifiant le degré de cuisson des légumes.

Pelez les oignons et le gingembre, puis émincez-les finement ainsi que les piments.

Mélangez le jus d'1/2 citron vert avec le nuoc-mâm, ajoutez les piments et arrosez les pommes de terre et les navets tièdes coupés en rondelles.

Répartissez la salade dans les assiettes, parsemez avec les oignons, les bâtons de gingembre et des quartiers de citron.

Tarte aux carottes et au chou chinois

4 PERSONNES

2 carottes,	20 cl de lait de soja,
1/4 de chou chinois,	20 cl de crème de soja,
3 œufs,	sel, poivre
1/2 c. à c. de curry,	

Mixez 2 carottes et 1/4 de chou chinois, puis faites les revenir doucement à la poêle.

Battez 3 œufs, 1/2 cuillerée à café de curry en poudre, 20 cl de lait de soja et 20 cl de crème de soja. Salez, poivrez.

Mélangez avec les légumes.

Étalez une pâte feuilletée dans un moule à tarte. Piquez le fond et versez dessus la préparation. Mettez dans le four préchauffé à 180 °C pendant 30 minutes. Éteignez le four et laissez reposer à l'intérieur pendant 10 minutes.

Salade de quinoa à la menthe et aux oranges

4 PERSONNES

50 g de quinoa,	1 c. à s. de vinaigre de riz,
2 oranges,	1 c. à s. de sauce soja,
1 petite botte de menthe,	1 c. à dessert de sucre,
5 c. à s. d'huile d'olive,	sel, poivre

Prélevez finement les zestes des oranges et découpez-les en rubans très fins. Faites-les confire 20 minutes dans 10 cl d'eau et un peu de sucre.

Rincez le quinoa et faites-le cuire dans deux fois son volume d'eau. Après ébullition, faites-le mijoter à couvert 10 minutes. Égouttez-le, rincez-le, laissez-le refroidir.

Détaillez les quartiers d'orange à vif, coupez-les en dés.

Mélangez le quinoa, les dés d'orange, la menthe ciselée, les zestes d'orange, l'huile, le vinaigre, la sauce soja, mélangez bien. Salez, poivrez.

Rouleaux de printemps

4 PERSONNES

8 galettes de riz,	200 g de crevettes
150 g de germes	décortiquées,
de soja,	1 carotte,
50 g de vermicelles	10 g de champignons
de riz,	noirs séchés,
100 g d'escalopes	8 feuilles de laitue,
de poulet,	16 feuilles de menthe

Faites tremper les champignons noirs 30 minutes dans de l'eau avant de les émincer. Laissez bouillir le poulet dans de l'eau pendant 5 minutes avant de le découper en fines lanières. Râpez finement la carotte.

Faites cuire les vermicelles de riz dans un peu d'eau. Dans un saladier d'eau tiède, laissez tremper quelques secondes les galettes de riz.

Sur chacune d'elles, posez une feuille de laitue, puis garnissez avec les ingrédients, ajoutez les feuilles de menthe ciselées et roulez les galettes. Dégustez avec une sauce soja.

Mangue et thon cru

4 PERSONNES

2 mangues,	wasabi,
200 g de thon frais,	1/2 citron,
2 cuillerées d'huile d'olive,	1 cuillerée à café de poudre
2 cuillerées de vinaigre	de gingembre,
de mangue,	sel, poivre

Pelez une mangue mûre, mixez sa pulpe avec 2 cuillerées à soupe d'huile d'olive et deux cuillerées à soupe de vinaigre aromatisé à la mangue, le jus d'1/2 citron, une cuillerée à café de gingembre en poudre, une pincée de sel et 3 tours de poivre du moulin. Il faut obtenir une crème lisse.

Pelez une autre mangue et coupez-la en très fines tranches.

Détaillez 200 g de thon frais en fines lamelles.

Déposez-le sur la mangue et arrosez-le de crème. Servez frais.

Cabillaud au sésame et au gingembre

400 g de cabillaud,	4 c. à s. d'huile
5 cm de gingembre frais,	de sésame,
3 feuilles de basilic,	2 c. à s. de sauce soja
3 feuilles de menthe,	

Hachez les feuilles de basilic et de menthe, râpez le gingembre.

Laissez cuire le cabillaud dans une poêle contenant 1 cuillerée à soupe d'huile de sésame pendant 2 minutes de chaque côté.

Posez-le sur le plat de service, parsemez du gingembre, de la menthe et du basilic. Ajoutez 2 cuillerées à soupe de sauce soja. Arrosez avec 3 cuillerées à soupe d'huile de sésame.

Papillotes de verdure

100 g de petits pois,	2 gousses d'ail,
100 g de pois gourmands,	persil plat,
100 g de fèves écossées,	2 c. à s. d'huile d'olive,
100 g de pointes	1 c. à dessert de sauce soja,
d'asperges vertes,	sel, poivre

Préchauffez le four à 180 °C.

Rincez les légumes à l'eau froide, égouttez-les, puis blanchissez-les pendant 5 minutes dans une casserole d'eau frémissante. Repassez-les à l'eau froide et réservez-les.

Mixez l'ail, le bouquet de persil et l'huile. Salez, poivrez. Répartissez les légumes en quantité égale sur

4 feuilles de papier sulfurisé, arrosez d'un peu de sauce soja, puis répartissez le mélange mixé sur les légumes. Refermez les papillotes, en attachant chaque extrémité, puis passez au four 10 minutes avant de servir.

Légumes à la noix de coco avial

4 PERSONNES

200 g de noix de coco,
2 bananes vertes,
1 aubergine,
1 courgette,
1 pomme de terre,
1 branche de céleri,
100 g de haricots verts,

4 piments verts,
1 c. à c. de graines de cumin,
1 c. à c. de curcuma,
1 yaourt nature au lait entier,
sel, poivre

Pelez les bananes, les pommes de terre, la courgette. Effilez les haricots. Coupez l'ensemble en petits morceaux.

Dans une casserole, portez de l'eau à ébullition, mettez la pomme de terre, puis les légumes et à la fin la banane. Il faut que les légumes restent tendres, sans se défaire. Égouttez bien.

Épépinez les piments, puis mixez-les avec la noix de coco, le curcuma, les graines de cumin, une cuillerée à café de sel et de l'eau pour obtenir une pâte épaisse que vous mélangerez avec le yaourt.

Versez ce mélange dans une sauteuse et incorporez les légumes. Mélangez bien, ajoutez un peu d'eau si la sauce est trop épaisse.

Réchauffez doucement sans faire bouillir.

Courgettes farcies aux légumes

4 PERSONNES

4 courgettes rondes,	20 cl de lait de coco,
1 oignon,	1 c. à s. de poudre de curry,
1 gousse d'ail,	1 c. à c. de poudre
20 g de gingembre,	de gingembre,
1 petit piment vert,	1 c. à c. de curcuma,
1 carotte,	1 c. à s. de vinaigre de riz,
1 tomate,	2 c. à s. d'huile d'olive,
100 g de petits pois,	quelques feuilles
100 g de haricots verts,	de coriandre,
4 champignons de Paris,	sel, poivre

Coupez le chapeau des courgettes et videz-les de leur chair à l'aide d'une petite cuiller. Coupez-la en petits dés et réservez. Coupez la carotte, l'oignon, le piment et les champignons en fines lamelles.

Chauffez le four à 180 °C. Posez les courgettes dans un plat allant au four et arrosez-les d'un peu d'huile d'olive.

Versez un peu d'huile d'olive dans une sauteuse ou dans un wok, faites chauffer doucement et faites blondir l'ail pressé et la poudre de gingembre, l'oignon et le piment. Ajoutez le curry, le curcuma, la tomate sans sa peau coupée en dés, les autres légumes et la pulpe des courgettes. Salez, poivrez. Mélangez bien. Après 5 minutes, versez le lait de coco et le vinaigre de riz. Laissez cuire 15 minutes.

Garnissez les courgettes avec le mélange préparé et laissez cuire au four pendant 40 minutes.

Avant de servir, ciselez quelques feuilles de coriandre fraîche.

On peut accompagner ce plat d'un peu de boulgour ou de quinoa.

Riz basmati à l'afghane

4 PERSONNES

200 g de riz basmati,
3 c. à s. de ghee,
1 c. à c. de graines
de cumin,

6 cardamomes
vertes,
sel, poivre

Lavez dans sept eaux successives le riz en remuant à la main, puis recouvrez-le d'eau froide contenant 1 cuillerée à café de sel. Laissez reposer 1 heure. Égouttez 30 minutes dans une passoire fine.

Faites bouillir une casserole remplie d'eau avec 1 cuillerée à café de sel. Versez le riz égoutté et faites bouillir à nouveau. Attendez 3 minutes et égouttez.

Préchauffez le four à 150 °C (thermostat 3-4).

Dans une casserole contenant 25 cl d'eau, mettez le ghee, les graines de cumin et les cardamomes. Faites bouillir 1 minute et retirez du feu.

Versez le riz dans un plat allant au four. Creusez des trous dans le riz dans lesquels vous mettrez 1/2 cuillerée à café de graines de cumin et 3 cardamomes vertes. Recouvrez-les et versez le mélange préparé ci-dessus, poivrez.

Couvrez avec une feuille d'aluminium et faites cuire 30 minutes au four.

Égrenez avant de servir.

> « Un bol de riz avec de l'eau et le coude pour oreiller. Voilà un état qui a sa satisfaction. »
>
> CONFUCIUS

Riz à la tomate

200 g de riz basmati,
1 c. à c. de curcuma,
1 c. à s. de graines
de sésame,
2 oignons,

4 tomates,
3 c. à s. de ghee,
coriandre fraîche,
sel, poivre

Ébouillantez les tomates afin de retirer leur peau, coupez-les en morceaux, mixez légèrement. Ajoutez les oignons émincés que vous aurez fait dorer avec le ghee.

Faites réduire.

Faites cuire le riz dans 300 ml d'eau avec le curcuma et une pincée de sel.

Une fois le riz cuit, mélangez-le à la préparation de tomates et décorez, avant de servir, avec les graines de sésame et quelques feuilles de coriandre.

Riz au citron vert

4 PERSONNES

200 g de riz basmati,
2 citrons verts,
1 piment vert,
3 c. à s. de noix
de coco,

1 c. à c. de graines
de moutarde,
1 c. à c. de graines de cumin,
1 c. à c. de curcuma moulu,
3 c. à s. de ghee

Rincez et égouttez le riz.

Chauffez le ghee et faites revenir le cumin et la moutarde.

Ajoutez le riz, le piment épépiné et haché, le curcuma. Mélangez bien jusqu'à ce que les grains de riz soient translucides. Versez 40 cl d'eau et le jus des citrons.

Couvrez et laissez cuire à feu doux jusqu'à ce que l'eau soit absorbée. Ajoutez la noix de coco et mélangez.

Servez.

Riz aux légumes sautés

4 PERSONNES

300 g de riz parfumé,
1 carotte,
150 g de brocolis,
100 g de petits pois,
4 ciboules,

3 œufs,
5 cl d'huile d'arachide,
1 c. à s. de sauce soja,
sel, poivre

Rincez le riz, couvrez-le d'1/2 litre d'eau. Faites bouillir, mélangez-le, puis laissez mijoter 10 minutes. Laissez reposer 5 minutes. Fouettez les œufs avec la sauce soja.

Hachez la carotte et les brocolis, ciselez les ciboules et faites-les dorer dans de l'huile bien chaude pendant 5 minutes. Ajoutez le riz et les petits pois. Laissez cuire 5 autres minutes, puis versez les œufs en remuant bien. Servez.

Riz aux herbes et aux crevettes

4 PERSONNES

300 g de riz complet,
16 crevettes roses
décortiquées,
400 g de petits pois,
1 branche de céleri,

2 c. à c. de curcuma,
3 c. à s. d'huile d'olive,
1/2 bouquet
de coriandre,
sel

Lavez le riz, couvrez-le d'un demi-litre d'eau, faites bouillir puis laissez-le cuire une dizaine de minutes.

Plongez les petits pois pendant 5 minutes dans de l'eau bouillante salée, puis égouttez-les.

Découpez le céleri en petits dés et faites-le revenir dans une poêle avec 2 cuillerées à soupe d'huile d'olive.

Faites sauter les crevettes avec le curcuma dans le reste d'huile.

Hors du feu, mélangez les différents ingrédients et ajoutez la coriandre ciselée.

Riz sauté au curry

4 PERSONNES

300 g de riz parfumé,	3 c. à c. de noix
4 œufs,	de coco râpée,
1 poireau,	4 c. à s. d'huile d'arachide,
2 échalotes,	sel, poivre
4 c. à c. de poudre	
de curry,	

Rincez 3 fois le riz dans de l'eau froide, puis versez-le dans 1,5 litre d'eau et faites cuire 20 minutes en remuant souvent. Versez-le dans une passoire et laissez gonfler.

Émincez le poireau, hachez les échalotes, faites-les revenir dans un peu d'huile pendant 5 minutes. Ajoutez la noix de coco, le curry, le sel, le poivre, puis mélangez à feu doux pendant 5 minutes.

Battez les œufs en omelette, brouillez-les à feu vif dans une poêle, ajoutez le riz et la préparation au curry et mélangez à feu doux.

Riz au curcuma

200 g de riz parfumé,
2 échalotes,
2 gousses d'ail,
5 clous de girofle,
5 gousses
de cardamome écrasées,

1 bâton de cannelle,
2 anis étoilés,
1 c. à c. de curcuma
en poudre,
3 c. à s. de ghee,
sel

Lavez, puis égouttez le riz.

Hachez l'ail et les échalotes, puis faites-les revenir dans le ghee chauffé, ajoutez les épices, sauf le curcuma. Mélangez bien, puis réservez.

Placez le riz dans 50 cl d'eau, ajoutez les épices et le curcuma, faites bouillir et mélangez pendant 3 minutes, couvrez et laissez mijoter jusqu'à ce que l'eau soit absorbée.

Salez, servez.

Riz au safran

4 PERSONNES

200 g de riz basmati,
1 pincée de safran,
2 c. à s. de lait de soja,

4 c. à s. de ghee,
sel, poivre

Lavez le riz dans sept eaux successives, puis recouvrez-le d'eau additionnée d'une cuillerée à café de sel pendant 1 heure. Égouttez-le bien.

Dans une poêle, faites griller une pincée de safran pendant 1 minute, puis émiettez-le dans 2 cuillerées à soupe de lait de soja chaud.

Faites bouillir une casserole d'eau additionnée d'une cuillerée à café de sel. Jetez le riz dedans. Faites bouillir 5 minutes. Égouttez bien.

Préchauffez le four à 150 °C (thermostat 3-4).

Mettez le riz dans un plat, ajoutez le lait safrané, mélangez avec 4 cuillerées à soupe de ghee, recouvrez d'une feuille d'aluminium et laissez dans le four 30 minutes.

Égrenez avant de servir.

Riz pulao

4 PERSONNES

200 g de riz basmati,	6 graines de cardamome,
3 clous de girofle,	1 poignée de petits pois,
1 morceau	1 poignée de haricots verts,
de cannelle en bâton,	1 carotte,
100 g de noix de cajou,	2 c. à s. de ghee,
amandes et raisins secs,	sel

Lavez le riz dans sept eaux successives, puis laissez-le tremper 1 heure dans une casserole d'eau avec 1 cuillerée à café de sel.

Coupez en petits morceaux les haricots verts et les carottes en fines rondelles.

Dans une poêle, laissez fondre 2 cuillerées à soupe de ghee avec les clous de girofle, la cardamome, la cannelle, les noix de cajou, les amandes et les raisins, ajoutez les légumes et faites bien dorer.

Incorporez le riz en tournant et versez 300 ml d'eau bouillante salée. Couvrez et faites cuire à feu doux jusqu'à ce que toute l'eau soit absorbée.

Pulao de crevettes

300 g de riz basmati,
200 g de crevettes
décortiquées,
90 g de ghee,
2 œufs durs,
2 c. à dessert de noix
de cajou,

2 c. à dessert
de raisins secs,
1 c. à s. de grains
de coriandre écrasés,
1/2 c. à c. de curcuma,
50 cl de bouillon de volaille,
sel, poivre

Laissez tremper le riz 20 minutes à l'eau froide, puis égouttez-le.

Chauffez doucement 70 g de ghee, faites-y revenir les grains de coriandre, ajoutez le curcuma, mélangez bien, puis les crevettes, le riz, le sel. Ajoutez le bouillon afin qu'il recouvre le riz. Faites bouillir, puis couvrez et laissez à feu doux pendant 20 minutes, afin d'absorber le liquide.

Chauffez 20 g de ghee, faites-y revenir les raisins secs et dorez les noix de cajou.

On dispose le riz sur un plat de service chaud, on mélange doucement avec les raisins et les noix de cajou, on garnit avec les œufs durs coupés en quatre.

Riz aux légumes sautés

300 g de riz,
3 œufs,
1 carotte,
1 petit poivron rouge,
100 g de petits pois,

100 g de brocolis,
4 c. à s. d'huile
d'arachide,
ciboulette,
sel, poivre

Rincez le riz, puis faites-le bouillir dans 50 cl d'eau ; à couvert, faites-le cuire doucement 10 minutes et laissez-le 5 minutes hors du feu.

Lavez les légumes, puis détaillez-les en petits morceaux. Hachez la ciboulette.

Dans une poêle, faites chauffer l'huile et faites sauter le poivron, la carotte, la ciboulette pendant 3 à 4 minutes, puis les autres légumes pendant 5 minutes.

Versez le riz, mélangez, salez, poivrez. Servez.

Riz aux herbes aromatiques

4 PERSONNES

250 g de riz thaï parfumé,
5 c. à s. de lait de coco,
1 petit concombre,
1 échalote,
5 lamelles de galanga,
3 tiges de citronnelle,
4 feuilles de lime de Cafre,
1 branche de basilic,
2 feuilles de curcuma,
2 feuilles de gingembre aromatique,
1 c. à dessert de poudre de gingembre,
sel

Lavez le riz à l'eau courante, égouttez, puis mettez-le dans une casserole avec 30 cl d'eau, le lait de coco, les lamelles de galanga écrasées, 2 feuilles de lime, 2 tiges de citronnelle. Couvrez, portez à ébullition, puis laissez cuire doucement en remuant. Quand le liquide est absorbé, laissez reposer 10 minutes.

Hachez le concombre et l'échalote, ciselez les herbes.

Mélangez l'ensemble avec le sel et la poudre de gingembre.

Riz au lait aux fruits secs et à la cardamome

4 PERSONNES

75 g de riz basmati,
75 cl de lait de soja,
1 c. à s. de raisins secs,
1 c. à s. de pistaches
hachées,

3 c. à s. de sucre,
2 gousses de cardamome
verte,
1 pincée de filaments
de safran

Lavez le riz, égouttez-le, mettez-le dans une casserole avec le lait et les gousses de cardamome écrasées. Faites bouillir et laissez à feu doux pendant 1 heure, en écrasant de temps en temps le riz à la spatule en bois.

Enlevez la cardamome, ajoutez les fruits secs et le safran, laissez mijoter 3 minutes.

Ajoutez le sucre, mélangez bien.

Quinoa au poulet

4 PERSONNES

200 g de quinoa,
4 blancs de poulet,
2 tomates,
1 poivron rouge,
1 échalote,

1 c. à c. de curry,
6 cardamomes,
1 citron, 10 tiges
de ciboulette,
sel, poivre

Faites cuire le quinoa pendant 10 minutes dans de l'eau bouillante salée.

Émondez les tomates, puis coupez-les en petits dés. Faites de même avec le poivron et l'échalote.

Coupez le poulet en lanières et faites-le revenir 10 minutes avec les légumes.

Ajoutez les épices, le jus de citron, le quinoa, laissez cuire 10 autres minutes à feu doux, à couvert. Assaisonnez et garnissez de ciboulette hachée avant de servir.

Mangue et fromage blanc

4 PERSONNES

3 mangues assez mûres,	1 pincée de safran,
4 c. à s. de cassonade,	500 g de fromage blanc

Épluchez les mangues et coupez-les en petits morceaux, puis écrasez-les un peu à la fourchette.

Délayez une pincée de safran dans un peu de lait, versez-le sur les fruits et mélangez avec la cassonade et le fromage blanc.

Servez frais.

Salade de pêches et de melon au sirop de menthe et d'anis étoilé

4 PERSONNES

4 pêches blanches,	10 feuilles de menthe,
1 petit melon,	1 anis étoilé,
1/2 citron vert,	70 g de cassonade

Pelez les pêches et coupez-les en fins quartiers. Faites de petites boules avec la chair du melon.

Dans une casserole, mélangez 20 cl d'eau, le sucre, le jus du citron, la menthe, finement ciselée, la badiane. Faites bouillir, puis incorporez le melon. Laissez mijoter 10 minutes, puis versez les quartiers de pêche. Attendez 5 minutes et laissez refroidir. Réservez ensuite au moins 1 heure au réfrigérateur.

Ajoutez quelques feuilles de menthe avant de servir.

Bananes et cannelle

4 PERSONNES

2 bananes,
600 g de fromage
blanc,

5 c. à s. de sucre
de canne,
1 c. à dessert de poudre
de cannelle

Coupez les bananes en fines rondelles et mélangez-les au fromage blanc battu. Ajoutez 5 cuillerées à soupe de sucre de canne et 1 cuillerée à dessert de poudre de cannelle.

Mélangez bien et servez frais.

Riz au lait épicé

4 PERSONNES

150 g de riz rond,
1/2 litre de lait de coco,
1/2 litre de lait de soja,
200 g de cassonade,
2 bâtons
de cannelle,

1 c. à s. de poudre
de gingembre,
1 c. à s. de poudre
de citronnelle,
4 c. à c. de graines
de sésame

Faites bouillir les deux laits dans une casserole, ajoutez la cannelle et les différentes épices. Mélangez.

Versez le riz et laissez cuire 30 minutes en remuant souvent. Lorsque le riz est bien tendre, ajoutez la cassonade, faites-la bien fondre.

Parsemez de graines de sésame.

Salade de fruits frais au lait de coco et aux épices

4 PERSONNES

2 bananes,
2 mangues,
2 poires mûres,
10 fraises,
1 boîte de lait de coco,
1 anis étoilé,
1 c. à c. de gingembre moulu,
1 c. à dessert de poudre de curry,
1 c. à dessert de curcuma,
1 c. à dessert de cannelle en poudre,
1 pincée de quatre-épices,
1 pincée de poivre de Cayenne,
5 cardamomes,
4 clous de girofle,
2 c. à s. de cassonade

Coupez les fruits en dés, réservez-les.

Dans une casserole, versez le lait de coco, puis ajoutez l'ensemble des épices et la cassonade. Faites chauffer doucement, sans faire bouillir, en mélangeant pendant 15 à 20 minutes. Laissez refroidir, filtrez.

Versez sur les fruits, en mélangeant bien.

Laissez reposer 1 heure au froid avant de servir.

Tartare de fruits frais

4 PERSONNES

300 g de fraises,
200 g de framboises,
500 g d'abricots,
100 g de cassonade,
1 c. à dessert de gingembre en poudre,
1 c. à dessert de citronnelle en poudre,
10 feuilles de menthe fraîche,
1 gousse de vanille

Préparez un sirop en faisant bouillir dans un peu d'eau la cassonade et la gousse de vanille grattée et fendue, le gingembre et la citronnelle. Retirez du feu et laissez infuser 30 minutes.

Rincez les fruits, séchez-les puis coupez-les en dés avec 6 feuilles de menthe ciselées. Versez le sirop, mélangez bien.

À l'aide d'un cercle, dressez le tartare de fruits dans les assiettes en ajoutant une feuille de menthe sur le dessus.

Servez frais.

Gâteau de patate douce

4 PERSONNES

800 g de patate douce,	4 œufs,
20 g de gingembre frais,	5 pincées de poudre
1 boîte de lait de coco,	de cannelle,
80 g de sucre,	1 c. à s. d'huile

Épluchez les patates et faites-les cuire à la vapeur. Pelez le gingembre et râpez-le.

Mixez les patates, le gingembre râpé, le sucre, les œufs, la cannelle et 20 dl de lait de coco.

Huilez un moule, versez la préparation et faites cuire au bain-marie dans un four à 180 °C (thermostat 6) pendant 20 minutes.

Nappez le reste du lait de coco et servez, frais ou à température.

Gâteau de semoule parsi

4 PERSONNES

125 g de semoule,	50 g de ghee,
100 g de cassonade,	1 litre de lait,
75 g d'amandes,	4 c. à c. d'eau de rose,
50 g de pistaches	1 c. à c. de cardamome
non salées,	moulue,
50 g de raisins secs,	1 pincée de noix muscade

Faites bouillir 50 cl de lait, puis laissez mijoter pour le faire réduire de moitié.

Faites bouillir 50 cl de lait avec la cassonade.

Ramollissez les fruits secs dans de l'eau chaude, puis détaillez-les en morceaux et faites-les dorer à la poêle avec une cuillerée à dessert de ghee.

Chauffez le reste du ghee dans une casserole et ajoutez la semoule. Faites revenir à feu doux, en remuant.

Versez le lait réduit, puis le lait sucré, en remuant. Ajoutez la moitié des fruits secs, les épices et l'eau de rose. Mélangez bien, la préparation s'épaissit.

Mettez dans un moule beurré.

Avant de servir, parsemez avec les fruits secs restants.

Blanc-manger aux pêches

4 PERSONNES

4 pêches,
25 cl de lait,
1 bâton de cannelle,
1 zeste de citron non traité,
200 g de cassonade,
25 g de fécule de pomme de terre,
175 g de poudre d'amandes,
5 g de gélatine en poudre,
quelques feuilles de menthe fraîche

Faites bouillir dans une casserole le lait, la cannelle, le zeste de citron.

Mélangez le sucre, la fécule et la poudre d'amandes.

Versez ce mélange dans le lait après avoir retiré la cannelle, et cuisez à feu doux en remuant pendant 8 minutes. Ajoutez la gélatine, mélangez, mixez, versez dans un plat de service. Couvrez et laissez 2 heures au réfrigérateur.

Dans une casserole, faites bouillir de l'eau, puis mettez les pêches pendant 3 minutes. Retirez-les et passez-les à l'eau froide. Retirez la peau et coupez-les en morceaux.

Au moment de servir, disposez les morceaux de pêche sur la préparation et parsemez de menthe ciselée.

Dessert coco, pistaches et amandes

4 PERSONNES

200 cl de lait de coco,
200 cl de lait de soja,
150 cl de crème liquide,
100 g de cassonade,
50 g d'amandes effilées,
50 g de pistache,
5 g d'agar-agar

Faites chauffer dans une casserole le lait de coco, le lait de soja et la cassonade. Ajoutez l'agar-agar, remuez et tenez hors du feu.

Montez la crème en chantilly et incorporez à la préparation.

Ajoutez les pistaches écrasées grossièrement et les amandes.

Versez dans un moule rectangulaire, laissez refroidir avant de le garder au réfrigérateur.

Abricots rôtis aux pistaches

4 PERSONNES

1 kg d'abricots mûrs,
4 c. à s. de ghee,
2 c. à s. de cassonade,
150 g de pistaches non salées

Lavez, dénoyautez et coupez en deux les abricots.

Faites fondre la cassonade dans le ghee et, avec un pinceau, badigeonnez-en chaque abricot.

Concassez les pistaches et parsemez-les sur les fruits.

Faites cuire sous le gril 2 minutes de chaque côté, tout en surveillant afin que les fruits ne brûlent pas.

Bananes aux épices en papillote

4 PERSONNES

4 bananes,
jus d'un citron vert,
20 g de cassonade,
1 gousse de vanille,

1 pincée de cannelle,
1 pincée de muscade,
1 pincée de poivre,
20 g de ghee

Préchauffez le four à 180 °C.

Découpez 4 carrés de papier sulfurisé de 25 cm de côté.

Coupez en longueur la gousse de vanille et grattez l'intérieur. Récupérez les graines et mélangez-les avec la cassonade et les épices dans un bol. Ajoutez le ghee un peu ramolli. Mélangez bien.

Épluchez les bananes, coupez-les dans le sens de la longueur, disposez-les sur le papier sulfurisé, puis étalez sur chacune le mélange épicé. Arrosez de jus de citron.

Fermez les papillotes et enfournez-les pendant 15 minutes.

Mangez tiède.

Salade de fruits secs

4 PERSONNES

100 g d'abricots secs,
100 g de figues sèches,
100 g de dattes
sans les noyaux,
100 g de raisins blonds,
60 g de sucre roux,

2 bâtons de cannelle,
1 gousse de cardamome,
1 anis étoilé,
5 lamelles de gingembre,
1 orange,
1/2 citron non traité

Faites bouillir dans 20 cl d'eau les différents ingrédients pendant 15 minutes, puis versez sur les abricots,
les figues, les dattes et les raisins.

Laissez refroidir, puis réservez au réfrigérateur pendant 48 heures avant de servir.

Pommes et poires aux épices et au miel

4 PERSONNES

2 pommes,	100 g de ghee,
3 poires,	poivre du moulin,
1 c. à c. de gingembre,	poudre de cannelle
1 c. à c. de citronnelle,	
100 gr de miel,	

Épluchez les pommes et les poires, puis détaillez-les
en lamelles. Dans une poêle bien chaude, faites fondre
le ghee, mélangez avec le miel, le gingembre et la
cannelle. Déposez les pommes sur le dessus, pendant
1 minute, puis les poires 2 minutes, en les mélangeant
bien avec 5 tours de poivre du moulin.

Mettez l'ensemble dans un plat de service et saupoudrez de cannelle avant de servir.

CONCLUSION

« La vigilance est le chemin du royaume immortel, la négligence, celui qui conduit à la mort. »

Bouddha

En suivant pas à pas cette méthode que nous vous proposons, vous l'avez expérimentée, vous vous responsabilisez et devenez votre médecin intérieur. C'est une nouvelle aventure dans votre vie. Pour vous y encourager, songez à cette histoire qui, nous l'espérons, vous aidera à réfléchir autrement :

« Il était une fois, en Chine, il y a très, très longtemps, un petit village situé tout au fond d'une vallée très encaissée entre deux montagnes si hautes qu'elles semblaient toucher le ciel. Les rayons du soleil n'éclairaient que rarement les petites maisons. Les quelques habitants qui vivaient là étaient tristes et fatigués de cette absence de lumière. Un matin, le plus vieux d'entre eux traverse à petits pas, tant il est épuisé, la rue principale du village en tenant dans ses mains un petit seau et une petite pelle. Comme il ne sortait pratiquement jamais de chez lui, ses voisins l'apostrophent :

— Que fais-tu ? Où vas-tu ainsi ?

— Je vais en haut de la plus haute montagne, sur son sommet, dit-il.

— Et que vas-tu y faire ?

— Je vais enlever la montagne, car elle nous cache le soleil et nous empêche d'être en bonne santé, répond le vieil homme.

— Mais tu n'y arriveras jamais, s'exclament les habitants en riant.

— Je le sais, dit le vieillard, mais si personne ne commence un jour, je suis certain que jamais nous ne pourrons être en forme et heureux. Et il s'en alla gravir la montagne. »

Le vieil homme avait compris qu'il devait changer, devenir plus responsable et agir, et qu'être heureux dépendait d'abord de lui. Comme lui, vous voulez vivre en pleine forme, éviter les maladies, vous donner les moyens d'être serein, et cette quête du bonheur et d'une vie « bonne » commence par une décision : celle d'être pleinement responsable de ce que vous êtes, de poser un regard neuf sur vos habitudes afin d'en changer quand c'est nécessaire, avec pour objectif : être bien dans votre corps et votre esprit.

Réussir ce challenge, c'est, après avoir réfléchi et mûri votre réflexion, choisir une direction et mettre tous les atouts de votre côté pour aller jusqu'au bout, pour préserver votre bien le plus précieux, votre forme, votre bien-être intérieur, votre santé et donc vous-même. Il suffit souvent de peu de chose pour faire un premier pas déterminant, pour comprendre ce qui est bon pour vous épanouir, de faire fonctionner votre imaginaire, de quelques clefs pour faire bouger les choses. Il s'agit d'un apprentissage. Nous vous aidons dans ce livre à le mener à bien mais la décision vous appartient. Alors lancez-vous, allez vers le meilleur de ce que vous êtes.

REMERCIEMENTS

Pour leur bienveillance, leur soutien, leur attention éclairée et leur confiance, nous remercions Florent Massot, Florence Lécuyer, Élise Bigot, Simone Bairamian, Audrey Sednaoui et Djohr.

INDEX DES RECETTES

TABLES DES MATIÈRES

12184

Composition
NORD COMPO

Achevé d'imprimer en Slovaquie
par NOVOPRINT
le 20 mai 2018.

Dépôt légal : juin 2018.
EAN 9782290153987
OTP L21EPBN000437N001

ÉDITIONS J'AI LU
87, quai Panhard-et-Levassor, 75013 Paris

Diffusion France et étranger : Flammarion